高等职业教育智能网联汽车专业产教融合系列教材

智能网联汽车底盘线控系统装调与测试

组　编：易飒（广州）智能科技有限公司
主　编：吴云溪　王　辉
副主编：刘洪明　胡红坡　彭焜鹿　梁敏健
参　编：张冰珂　伍世平　王新运　赵良久
　　　　曾　波　严嘉俊　廖军强　林雅婷

二维码总码

机械工业出版社

《智能网联汽车底盘线控系统装调与测试》紧密结合当前智能网联汽车底盘线控技术及其应用的发展，循序渐进、深入浅出地阐述了底盘线控系统这个复杂的技术体系，首先进行底盘线控系统和 CAN 总线的认知，然后分别介绍线控转向、线控驱动、线控制动三大核心子系统的功能、组成、工作原理、类型等，并为这三个线控系统安排了实训任务，包括标定、数据分析与调试以及故障检修。另外，基于实训设备搭载的虚拟仿真系统，可完成智能网联汽车底盘线控系统的在环测试。

本教材共 54 课时，配套课程资源包括学生手册、教师手册、课件和学生工作页等，教师可登录机械工业出版社教育服务网（www.cmpedu.com）注册后免费下载。

本教材可作为职业院校、技工院校及应用型本科院校智能网联汽车相关专业的教材，也可以供智能汽车从业人员学习参考。

图书在版编目（CIP）数据

智能网联汽车底盘线控系统装调与测试 / 易飒（广州）智能科技有限公司组编；吴云溪，王辉主编. —北京：机械工业出版社，2024.4（2025.3 重印）
高等职业教育智能网联汽车专业产教融合系列教材
ISBN 978-7-111-75873-0

Ⅰ.①智… Ⅱ.①易…②吴…③王… Ⅲ.①智能通信网-应用-汽车-底盘-电气控制系统-高等职业教育-教材 Ⅳ.①U463.6

中国国家版本馆 CIP 数据核字（2024）第 104622 号

机械工业出版社（北京市百万庄大街22号 邮政编码100037）
策划编辑：齐福江　　　　　责任编辑：齐福江
责任校对：梁　园　李小宝　封面设计：张　静
责任印制：刘　媛
涿州市般润文化传播有限公司印刷
2025 年 3 月第 1 版第 3 次印刷
184mm×260mm・14 印张・309 千字
标准书号：ISBN 978-7-111-75873-0
定价：65.00 元

电话服务　　　　　　　　　网络服务
客服电话：010-88361066　　机　工　官　网：www.cmpbook.com
　　　　　010-88379833　　机　工　官　博：weibo.com/cmp1952
　　　　　010-68326294　　金　书　网：www.golden-book.com
封底无防伪标均为盗版　机工教育服务网：www.cmpedu.com

前　言

在汽车向电动化、网联化、智能化、共享化变革的时代，底盘集成化程度越来越高。线控底盘技术作为汽车"四化"的关键技术，可以为未来智能汽车的自动驾驶优化、智能座舱研发做好技术积累。底盘线控系统是在传统汽车的基础上，将机械操作机构或液压操纵部件替换为拥有高速容错通信总线连接，与高性能中央处理器进行信息交换与互通，实现高效率通信的电气系统。2020年，国务院办公厅印发《新能源汽车产业发展规划（2021—2035年）》，明确指出要实施智能网联技术创新工程，其中，底盘线控技术被列入智能电动汽车核心技术攻关工程，这也说明智能网联汽车底盘线控技术在智能网联汽车发展中的核心地位。

由于底盘线控技术关键技术仍处于攻关阶段，其技术方向与实现路径需由行业及企业进行创新探索。要实现技术的突破，人才培养是关键。目前，智能网联汽车人才需求缺口大，人才培养滞后，不能满足智能网联汽车发展的需要，因此需要先通过教育、教学培养人才。

基于党的二十大报告中关于"实施科教兴国战略，强化现代化建设人才支撑"的要求，本教材从底盘线控系统中最为核心的三大系统展开，向读者介绍线控转向系统、线控驱动系统及线控制动系统等相关基础知识。在此基础上，以易飒（广州）智能科技有限公司开发的智能网联汽车底盘线控实训系统为基本实训设备，以三大系统的标定、数据分析与调试和检修为基本实操环节，此外，搭配了虚拟仿真系统，可实现智能网联汽车底盘线控系统的在环测试，支持理实一体化教学。本教材具有以下特点：

（1）工作任务驱动。本教材体现了工作任务驱动的职业教育核心理念，所有任务配有技能实训工作页，可以让学生在学习理论知识的同时进行实际的工作任务训练，具有较强的针对性和可操作性。

（2）情境导入设计。本教材所有任务都设计了一个导入情境，通过对现实生活中实际情况的模拟，加强课程趣味性，提高学生的学习兴趣，增强学生的参与感。

（3）配套丰富。本教材配套资源包括学生手册、教师手册、课件和学生工作页等，此外配套的实训设备内提供虚拟仿真系统，能实现整车底盘线控系统的在环仿真测试。

本教材难免会有一些错漏和不当之处，敬请同行、专家及使用本教材的老师和读者提出宝贵意见，以便本教材在下次修订时改进。

编　者

目　录

前言

二维码清单

项目一　底盘线控执行系统

学习任务一　底盘线控执行系统的认识　　/ 002

学习任务二　CAN 总线的认识与应用　　/ 017

复习题　　/ 038

项目二　线控转向系统

学习任务一　线控转向系统的标定　　/ 042

学习任务二　线控转向系统的数据分析与调试　　/ 058

学习任务三　线控转向系统的故障诊断与排除　　/ 067

复习题　　/ 087

项目三　线控驱动系统

学习任务一　线控驱动系统的标定　　/ 090

学习任务二　线控驱动系统的数据分析与调试　　/ 111

学习任务三　线控驱动系统的故障诊断与排除　　/ 119

复习题　　/ 137

智能网联汽车底盘线控
系统装调与测试

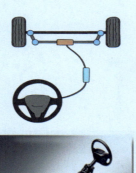

项目四
线控制动系统

学习任务一
线控制动系统的标定 / 142

学习任务二
线控制动系统的数据分析与调试 / 158

学习任务三
线控制动系统的故障诊断与排除 / 167

复习题 / 178

项目五
底盘线控系统的
综合测试

学习任务一
整车底盘线控系统的在环仿真测试 / 182

学习任务二
整车底盘线控系统控制与优化 / 203

复习题 / 216

参考文献 / 218

二维码清单

素材名称	二维码	页码	素材名称	二维码	页码
民族自信：智能新能源汽车战略下的中国实力（比亚迪）		014	工匠精神：耐心、细心、虚心		127
爱国主义：国产CAN总线芯片的崛起		018	任务3.3：线控驱动系统的故障诊断与排除		129
任务2.1：线控转向系统的标定与调试		053	任务4.1：线控制动系统的标定与调试		154
任务2.2：线控转向系统的数据解析		060	任务4.2：线控制动系统的数据分析		161
工匠精神：愿做一颗永远发光的螺丝钉（张雪松）		073	现场工程师：严谨、实事求是		172
任务2.3：线控转向系统的故障诊断与排除		075	任务4.3：线控制动系统的故障诊断与排除		173
任务3.1：线控驱动系统的标定与调试		106	任务5.1：整车底盘线控系统的硬件在环仿真测试		197
任务3.2：线控驱动系统的数据分析		113	学习兴趣：为自动驾驶奠基，线控底盘崛起		209

项目一
底盘线控执行系统

- 学习任务一　底盘线控执行系统的认识
- 学习任务二　CAN 总线的认识与应用

学习任务一
底盘线控执行系统的认识

任务描述

引导问题
汽车底盘是汽车上非常重要的系统，你知道线控底盘和电控底盘之间的区别吗？

任务场景
现有学员反映，他对车辆的线控底盘感兴趣，想了解底盘线控系统，如果请你帮忙，你会如何介绍底盘线控系统相关知识？

任务分析
本任务主要学习线控技术；底盘线控系统的组成、作用、工作原理、优缺点、关键技术；底盘线控系统的生产企业介绍；底盘线控系统的发展和趋势。

学习目标

知识目标
1. 能描述线控的概念。
2. 能说出底盘线控系统的组成、作用和优缺点。
3. 能描述底盘线控系统的工作原理。
4. 能说出底盘线控系统的相关生产企业。
5. 能描述底盘线控系统的技术现状和发展趋势。

素养目标
1. 通过讲解底盘线控系统的发展来源，了解科研人员一代又一代的创新与改进历程，培养独立思考和创新精神。
2. 培养精益求精的品质。
3. 培养学生的政治信仰和社会责任感。

知识准备

一、线控技术

1. 线控技术的概念

"线控"是机电控制中的一种物理控制方式,其信号发生器与信号接收器之间是通过线缆进行连接的,如图1-1-1所示。线控是两个部件之间通过线缆连接方式进行控制,而非通过机械或液压。线控系统是用电系统替代传统机械系统或液压系统。

2. 线控的起源

线控技术(X-By-Wire)最早由美国航空航天局应用在宇宙飞船上,称为电传操纵技术(Fly-By-Wire),后来逐步推广到喷气式战斗机、民航飞机。其基本原理是将飞机的各类信号通过传感器转换为电信号,再将电信号输入ECU,ECU输出控制指令控制各执行器(副翼、升降舵等)动作,从而控制飞机的航向和高度等,如图1-1-2所示。

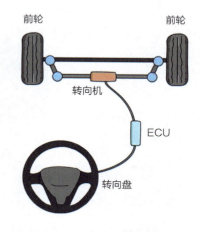

图1-1-1 线控示例

图1-1-2 线控的起源

第一架采用线控技术的飞机是于1964年试飞的美军F111"土豚"战斗机。目前,绝大部分军用飞机和大部分民用飞机都采用这项技术,相比于传统的机械或液压系统,线控系统显著提高了飞机的性能,给飞机的设计带来了革命性的变革。

二、底盘线控系统的组成

底盘线控系统主要有五大子系统,分别是线控驱动系统、线控转向系统、线控制动系统、线控悬架系统、线控换档系统等。目前，底盘线控系统中最为核心的是线控驱动、线控转向和线控制动三大系统，如图1-1-3所示。线控驱动技术已经比较成熟，线控转向和线控制动技术有待进一步发展。

图1-1-3 底盘线控系统的组成

三、底盘线控系统的作用

自动驾驶的实现，首先依赖感知传感器（包括摄像头、激光雷达、毫米波雷达和超声波传感器等）对道路周边环境信息进行采集，采集的数据传输到中央计算单元进行计算，获得车辆周边障碍物和可行驶区域，进行路线规划和行车方向控制，最后输出转角和速度等信息，传输到底盘执行机构，执行机构按照指令进行精确执行。在整个控制过程中，要求底盘执行机构具有完善的功能，快速响应和高精度。如果把自动驾驶车辆比作人，那么底盘执行机构就是我们通常意义上的手和脚，用来控制执行，是自动驾驶控制技术的核心部件，因此对整个底盘系统的要求非常高。所以，底盘线控是自动驾驶的必要条件，如图1-1-4所示。

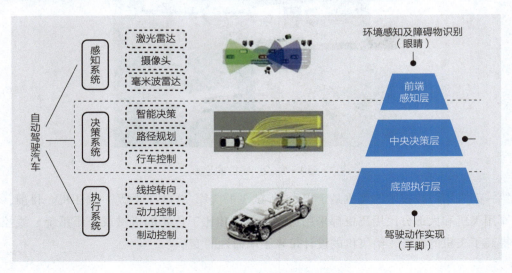

图1-1-4 底盘线控系统的作用

四、底盘线控系统的工作原理

底盘线控系统将驾驶人的操作动作经过传感器转变成电信号实现传输,以替代传统机械系统或者液压系统,并由电信号直接控制执行机构以实现控制目的,如图1-1-5所示。

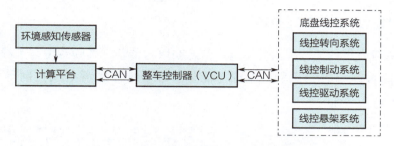

图1-1-5 底盘线控系统的工作原理

五、底盘线控系统的优缺点

底盘线控技术采用导线柔性连接代替了原来的机械、液压连接,具有结构简单、安全、节能、环保等优势;但同时也带来了一些挑战,如可靠性、成本等制约了线控技术的进一步发展。底盘线控系统的优缺点如图1-1-6所示。

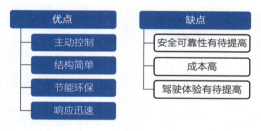

图1-1-6 底盘线控系统的优缺点

1. 优点

1)线控消除了机械连接冲击的传递,可以降低噪声和振动,提高了驾驶的舒适性。

2)采用线控可以省去大量机械和管路系统及部件,电线更容易布置,使汽车的结构更加合理,并且有助于轻量化。

3)线控技术通过控制单元控制,使动作响应时间缩短,且能对人工驾驶时驾驶人的动作和执行元件的动作进行实时监控,并进行修正,使操控更加精准,提高了系统性能。

4)线控技术使整个系统的制造、装配、测试更为简单快捷,同时采用模块化结构,维护简单,适应性好、系统耐久性能良好,略加变化即可增设各种电子控制功能。

5)使用线控制动无须制动液,使汽车更为环保,无须另加维护。

6)汽车线控技术的应用便于实现个性化设计。对于驾驶特性如制动、转向、加速等过程,可根据用户选择设计不同的程序。

2. 缺点

1)安全可靠性有待提高:由于线控系统取消了机械或液压连接,传感器的不稳定性、数据传输的不准确性等方面可能使系统发生故障,安全可靠性有待提高。

2)成本有待降低:要提高线控系统的安全可靠性,需要提供足够的硬件冗余,如传感器冗余、电机冗余、芯片冗余等，因而提高了硬件成本。

3）驾驶体验有待优化：由于线控系统摒弃了机械或液压连接，而是通过电机等装置人为模拟路感和踏板感，但是驾驶感觉还是不能较好地符合驾驶人的驾驶习惯和心理期望，这方面还有待优化。

六、底盘线控系统的关键技术

底盘线控系统发展的关键技术主要包括信息获取与传输、驾驶意图与工况辨识、电机及其控制器、故障诊断与容错识别、电源与能量管理、线控底盘集成控制等相关技术，如图1-1-7所示。

图1-1-7 底盘线控系统的关键技术

1. 信息获取与传输技术

信息获取与传输技术主要包括传感器技术、状态估计和辨识技术、总线技术。

线控底盘完成转向、制动等控制动作的前提，是传感器不断将驾驶人的指令信息和车辆的状态信息及时反馈给控制器，然后控制器才能够根据控制策略，对执行机构进行控制。

传感器的精度和分辨率直接影响着控制系统的精度和性能，所以研制出成本低、可靠性好、精度高、体积小的传感器，也是发展线控系统的关键技术之一。

总线技术对信息的传输起着决定性的作用。线控技术的全面应用意味着汽车由机械系统到电子系统的转变，线控技术要求用于线控的网络数据传输速度快，时间特性好，可靠性高。

传统的CAN总线无法为线控系统提供所需要的容错功能和带宽：一方面，因为线控系统的实时性和可靠性要求都很高，必须采用时间触发的通信协议；另一方面，线控系统要求通信网络协议具有容错的功能，容错功能意味着即使系统的某个部分出现了故障，系统仍然可以按设计继续运行。

TTP/C和FlexRay协议都包含容错的同步时钟，并且用总线监控器保护通信信道不受错误节点的影响，是纯线控系统通信协议的首选。

2. 驾驶意图与工况识别

对于线控汽车的控制，系统需要准确辨识驾驶人的驾驶意图，并结合驾驶环境工况做出相应的动作。

3. 电机及其控制器

线控系统主要通过控制器驱动各种电机实现执行机构的目标控制。电机及其控制器性能很大程度上影响着线控汽车的整体性能。线控系统的电机主要以位置、转速或转矩等作为控制目标，功率从十几瓦到几千瓦不等。

对于小功率电机，可以采用步进电机或直流电机，如节气门开度的控制电机、油泵电机等。在大功率电机方面，永磁同步电机的应用已经越来越广泛，比如线控转向电机、EMB 中的制动电机等。

纯线控系统由于多个电机同时工作，需要消耗更多的电能，因此需要提高电机功率密度、控制器功率密度以及系统效率等指标，扩大高效区的范围。这样不仅可以降低电机控制器和系统电源的负荷，提高设计的冗余度，还对线控系统的工作节能、增强系统动力性能方面具有重要的意义。

此外，电机及控制器的可靠性、安全性、电磁兼容性也是整车集成控制安全性的重要前提。

4. 故障诊断与容错识别

汽车线控系统具有传统机械或液压系统所不具备的技术优势，但它是一种复杂的高级电子系统，目前还没有达到机械或液压部件同等可靠的程度，并且故障失效模式也与传统系统不一样。那么如何在新的故障模式下进行有效的故障诊断，并保证在某些电子部件或软件失效的情况下，系统具有容错功能，能保证基本的转向、制动等功能，是实现线控底盘的全面应用所必须解决的问题。

线控系统应及时检测到系统故障，确定故障源，并做出相应的容错控制动作。容错控制的含义是：当有一些部件出现故障或者失效的时候，它们在系统中的功能可以用系统中的其他部分来代替，使系统能继续保持规定的性能，或者不丧失基本的功能，以实现故障系统的性能最优。

容错控制的设计方法主要有硬件冗余方法和解析冗余方法两种，硬件冗余方法就是对重要部件或者容易发生故障的部件提供备份，解析冗余方法主要是通过设计控制器的软件来提高整个系统的冗余度。

在线控系统中，相对于 ECU 来说，传感器和执行器更加容易发生故障，所以很多传感器和执行器之间都存在冗余备份。不过，虽然 ECU 的可靠度比较高，但 ECU 一旦出现故障，后果更加严重。因为传感器和执行器故障后，系统还可能保持部分工作，而一旦 ECU 出现故障，系统就会处于完全瘫痪状态，失去所有功能。

但是，硬件冗余存在成本高的问题，这也是线控技术目前发展的一大瓶颈。考虑到成本问题，更多地利用解析冗余方法来提高容错性，是一个重要的发展方向。

5. 电源与能量管理

线控系统集成了大量的电气设备，耗电量也大大增加，这对车载电源的功率和能量管理方面提出了更高的要求。

线控系统的执行器主要是大功率的电机以及伺服电机，其相对于传统的执行器功率而言，消耗极高。举例来说，单个转向电机的功率范围是 550~800 W，而电机盘式制动器的功率可达 1000 W。

如果继续维持传统的 14V 供电系统，就必须通过提高电流来获得更高的功率。但过高的电流会给整套系统带来安全隐患，汽车电路上的热能消耗也会大大增加，所以汽车供电系统必须通过提高电压来满足更大功率的需求。

目前，48V 的供电系统得到快速发展，是当下的趋势。

6. 线控底盘集成控制技术

底盘控制功能、执行机构、传感器等增加时，子系统之间的耦合影响甚至控制动作的冲突将不可避免，所以如何做好系统间的协调、稳定将是未来线控底盘技术的关键技术。

七、底盘线控系统生产企业介绍

1. 线控驱动生产企业

Protean 是全球轮毂电机系统开发与商业化的领导者（图 1-1-8），自 2008 年成立已开发四代产品，目前在美国、英国、中国均设有相关业务机构，以推进该公司产品商业化进程。

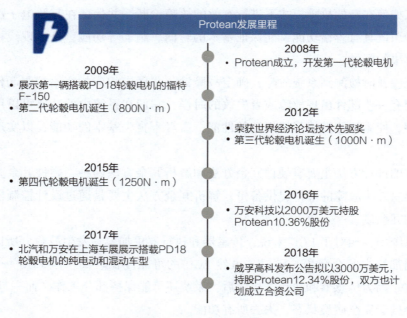

图 1-1-8　Protean 公司

目前 Protean 公司已下线满足主流乘用车和轻型商用车（LCV）的 PD18 产品，未来将逐渐开发并批量下线 PD16 和 PD14 产品（图 1-1-9），完善的产品组合有望成为公司在汽车智能化、电动化趋势下重要的发展基石。

图 1-1-9　Protean 公司产品组合

Protean 公司轮毂电机配套领域可由小型车延伸至中型 LCV 产品，使用该技术能够为整车厂、驾驶者、乘客在续驶里程、操控性、设计自由度等方面提供更好的便利性，如图 1-1-10 所示。

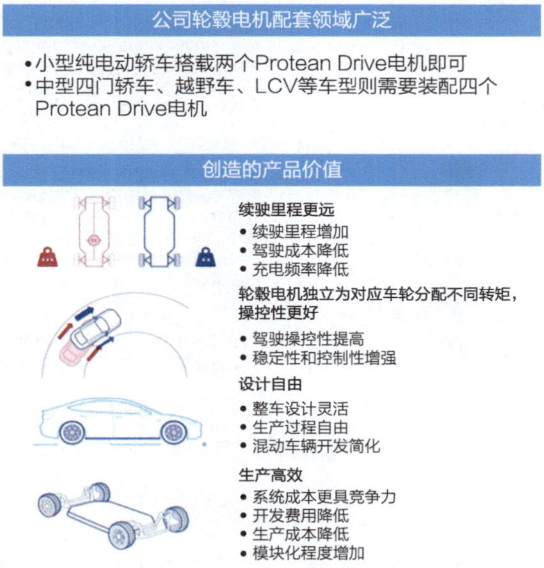

图 1-1-10　Protean 公司轮毂电机

Protean Drive 通过多代产品开发和技术迭代，不断克服轮毂电机应用面临的诸多技术难题，如图 1-1-11 所示。

Protean Drive 拥有顶级关键合作伙伴，帮助并支持其产品技术创新。

2. 线控转向生产企业

（1）采埃孚（ZF）

ReAX EPS 是 ZF 推出的全球首款全电动商用车转向样机，搭载一台转矩 70 N·m 的电机,可接管从横向控制到L4级自动驾驶在内的各项任务(图1-1-12),一定程度上有利于货车在特定区域实现自动控制,如高速公路或厂区内。

主要难题	存在的挑战	Protean解决方案
簧下质量	轮端额外质量会影响驾驶人操控、舒适和安全	·与莲花汽车工程师、考文垂大学合作对悬架进行调校,簧下质量不是轮毂电机技术的应用限制 ·Protean委托知名第三方认证机构完成独立测试
摩擦制动器集成	在电机上布置一套满足整车标准性能的制动器	·将制动器集成安装至电机转子上,制动卡钳固定在悬架上 ·从2011起由专业公司Alcon实施开发工作 ·制动性能达到传统非电动汽车要求,并且可匹配到重达3.5t车辆
热管理	高效冷却多个紧密布置的电子系统部件	·为轮毂电机专门配备水冷系统,以极小成本解决轮毂电机冷却问题 ·在单一冷却回路中同时采用直接和间接冷却,实现多个子系统(功率电子、电气部件)冷却 ·可以按照需求持续监控并稳定电机温度
密封	在严酷的轮内环境下实现电机内部零件对水和颗粒物的密封	·紧致自适应密封实现水和颗粒物隔离,能够适应偏转、运行温度变化等工况且减少磨损 ·多层复合绝缘系统的定子灌封增强了密封保护,并改善了耐久性
整车控制	轮端模块软件通信较单个系统单元更为复杂	·开发出整车控制软件,可独立控制每个车轮 ·实现ABS/ESP系统集成

图1-1-11 Protean Drive

采埃孚新型全电动转向装置ReAX EPS

> ·采埃孚企业介绍:2015年5月,采埃孚完成了对TRW的收购,同时也包含了TRW的转向业务。2015年1月,博世完成对ZF在合资公司采埃孚转向机系统有限公司(由双方各出资50%共同成立该合资公司)中所持有的50%股权的收购,目前该公司归博世所有。ZF之所以将股份转让给博世,主要是在收购TRW时,受反垄断法的影响
>
> ·ReAX EPS介绍:ZF推出的全球首款全电动商用车转向样机。该装置取消了液压及外围设备,其伺服力全部来自于一台转矩高达70N·m的电机。ZF EPS可能为以后的线控转向应用提供支持。全电动转向的独特优势在于,它是驾驶人辅助系统(ADAS)以及自动驾驶功能两大系统的重要组成部分,而这两大系统是提高车辆安全性、减轻驾驶人负担的重要助力
>
> ·ReAX EPS优势:可接管从横向控制到L4级自动驾驶在内的各项任务,货车可在高速公路或厂区内实现自动控制等

图1-1-12 采埃孚(ZF)线控转向系统

(2) KYB

KYB公司主营业务有汽车领域底盘系统,航空领域液压设备和船舶、特种车辆的系统设备等,如图1-1-13所示。

3. 线控制动生产企业

(1) 博世

博世在2013年就推出了第一代iBooster技术,目前主打的是第二代产品。iBooster采用机电伺服设计,具备高动态建压能力,能够确保在紧急情况下更快自主建压,大幅缩短制动距离,提升行车安全,如图1-1-14所示。

项目一 底盘线控执行系统

KYB&英菲尼迪共同研发的线控转向系统（DAS）

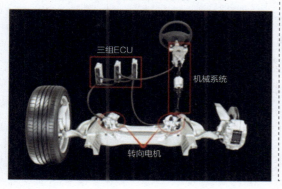

- 三组ECU
- 机械系统
- 转向电机

KYB介绍：创立于1919年，主营业务有汽车领域底盘系统、航空领域液压设备和船舶、特种车辆的系统设备等。转向系统产品包括线控转向系统和EPS，线控转向产品包括齿轮箱、ECU和路感电机等，EPS产品包括双小齿轮电动助力转向系统（DP-EPS）和赛车专用EPS等。英菲尼迪及KYB花了十多年时间进行设计和验证搭载于英菲尼迪Q50车型的线控转向系统（DAS）。

DAS介绍：配置了三个电子控制单元、两个转向电机和转向盘与转向系统之间的机械连接装置，机械连接装置是线控系统的冗余备份。车辆转向时，不再依靠传统的机械连接，而是依靠三组电子控制单元（ECU）进行控制，根据行驶路况和转向盘转动力度、速度进行综合计算，从而指挥转向电机实现转向，当任意一个ECU被监测到出现问题时，备用模式将立刻激活一个离合器被激活，恢复与传统的机械传动转向模式，确保万无一失。正常情况下，系统会打开离合器以断开机械连接。如果这三个部件全部失灵，离合器就会接合，汽车就会恢复传统的机械转向。

图1-1-13 KYB线控转向系统

博世iBooster结构示意图

- 踏板力
- 踏板力
- 踏板行程传感器
- 安装螺栓
- 电机和控制单元
- 输入杆

▶ **工作原理**：当驾驶人踩下制动踏板时，输入杆产生位移，踏板行程传感器探测到输入杆的位移并将该位移信号送至控制单元，控制单元计算出电机应产生的转矩，再由传动装置将该转矩转化为伺服制动力。伺服制动力、输入杆的源自踏板的输入力在制动主缸内共同转化为制动液压，推动制动缸，实现制动。

iBooster工作模式

- iBooster采用双安全失效模式：

▶ 第一道安全失效模式将两种故障情况考虑在内。如果车载电源不能满负载运行，那么iBooster则以节能模式工作，以避免给车辆电气系统增加不必要的负荷，同时防止车载电源发生故障，万一iBooster发生故障，ESP系统会接管并提供制动助力（ESP和ABS不同，ABS要有踏板输入才能起作用，ESP不用踏板输入也能起作用）

▶ 在第二道安全失效模式，如果车载电源失效，即断电模式下，则可通过机械推动力作为备用：驾驶人可以通过无制动助力的纯液压模式对所有四个车轮施加卡钳制动，使车辆安全停止，同时满足所有法规要求

图1-1-14 博世产品结构原理

iBooster制动技术具备很多优点，与传统真空助力器制动技术相比，iBooster机构的最大区别是没有真空泵，集成了各种传感器和控制器，体积和重量大大缩减，便于布置，制动响应速度更快，是实现自动驾驶的基础技术之一，如图1-1-15所示。

 iBooster产品优点

▶ 制动响应速度比传统制动技术更快，同一台车同样车速下，iBooster的制动距离会更短

▶ 可以完美对接主流的驾驶辅助装备，比如自适应巡航、主动制动等，能够实现平稳安静的自动制动

▶ 电动化的iBooster，可以轻松自定义制动性能曲线（如右图所示），调校出不同的制动脚感，在一台车上实现多种驾驶模式

▶ iBooster与ESP hev协调工作时，电机可将机械能转化成电能，实现接近100%的制动能量回收，甚至还能加入滑行等节油功能，使得新能源汽车的续驶里程增加20%左右

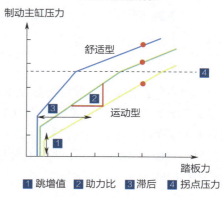

可调整的踏板特性

制动主缸压力 / 踏板力

舒适型 / 运动型

① 跳增值 ② 助力比 ③ 滞后 ④ 拐点压力

图1-1-15 博世产品优点

南京工厂是博世 iBooster 在德国、波兰、墨西哥之外的第四个工厂，是博世全球最大的第二代 iBooster 生产基地，如图 1-1-16 所示。

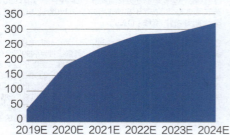

图 1-1-16　南京博世工厂

（2）大陆集团

MK C1 是大陆集团重点推出的电动液压式制动系统，该产品自 2016 年开始投产。MK C1 将串联主缸（TMC）、制动助力器、控制系统（制动防抱死系统和电子稳定控制系统）整合成为一个结构紧凑、重量轻的制动模块，如图 1-1-17 所示。

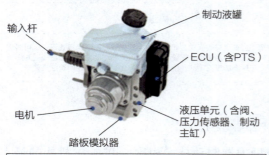

图 1-1-17　大陆集团 MK C1

八、底盘线控系统的发展和趋势

1. 底盘线控系统的发展历程

（1）国外发展历程

底盘线控系统国外发展历程如图 1-1-18 所示。

20 世纪五六十年代，美国天合（TRW）等转向系统供应商和德国 Kasselmann 等就试图将转向盘与转向车轮之间用控制信号代替原有的机械连接，这就是早期的线控转向系统原型。

德国奔驰公司于 1990 年开始了前轮线控转向系统的深入研究，并将其开发的线控转向系统安装于 F400 Carving 概念车上。

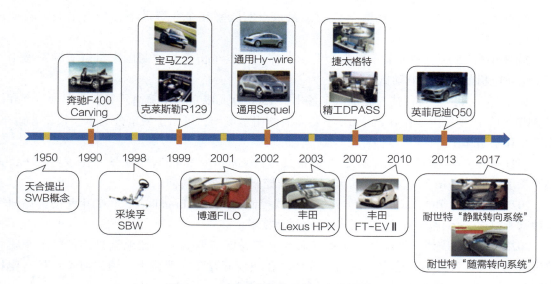

图1-1-18 底盘线控系统国外发展历程

2001年第71届日内瓦国际汽车展览会上，意大利Berstone汽车设计及开发公司展示了新型概念车FILO，该车采用了Drive by wire技术。

2003年，日本丰田公司在纽约国际车展上展出了Lexus HPX概念车，该车采用了线控转向系统，在仪表盘上集成了各种控制功能。

2013年，英菲尼迪在Q50轿车中首次推出了线控技术（全球首款搭载线控转向技术的量产车型），搭载线控主动转向系统。

2017年北美国际车展（NAIAS）上，耐世特发布了两款全新的智能转向技术：耐世特随需转向系统（Nexteer Steering on Demand System）及耐世特静默转向系统（Nexteer Quiet Wheel Steering）。耐世特静默转向系统能够修正车辆自动转向过程中转向盘的颤动和回正带来的干扰，从而显著降低操作疲劳，确保车辆安全平稳地行驶。在自动驾驶过程中，转向盘将保持静止状态，消除转向盘快速转动过程中潜在的危险，增强驾驶人的安心感。此外，配备静默转向系统的车辆还可搭载"完全可收缩式"转向管柱，在自动驾驶模式下可自动收缩至仪表板内，从而增加可用空间并提升驾驶舱舒适度，使驾驶人可以从事其他活动。

2022年，搭载线控转向系统的丰田bZ4X上市，该车型取消了转向器和转向柱的机械连接。

2023年12月，特斯拉Cybertruck全球首批交付，确认首次搭载线控转向技术。

（2）国内发展历程

国内对底盘线控的研究起步相对较晚，与国外差距较大，以高校理论研究为主。

2004年，同济大学在上海国际工业博览会上展示了配备线控转向系统的四轮独立驱动微型电动车春晖三号，如图1-1-19所示。

图1-1-19 2004年上海国际工业博览会上展出的同济大学春晖三号

2009年，吉林大学汽车仿真与控制国家重点实验室在企业资助下，开发了线控转向试验车。

2010年第25届世界电动车展览会上，吉林大学汽车仿真与控制国家重点实验室展出了基于轮毂电机的全线控电动概念车。

2020年5月，万安科技与瀚德汽车各出资1500万元成立苏州瀚德万安，致力于生产和销售EMB产品。瀚德万安推出的EMB主要面向商用车市场，可用于城市公交车、长途客运车、载货车和牵引车上。

2021年1月，万都在CES 2021上发布其"Freedom in Mobility"愿景。在该愿景下，万都展示了"x-by-Wire"技术规划，其中包含线控制动和线控转向。

2021年4月，Brembo在上海车展发布其线控制动产品。Brembo从2001年起便开始研究这种基于机电一体化的Brake-by-Wire线控制动技术。

2023年11月广州车展期间，比亚迪对外公布易四方概念车。比亚迪推出的概念车是线控底盘完全体。易四方概念车应用的电传技术在线控底盘2.0架构下，通过对4组轮边电机协同控制，拥有超越ABS/EPS的绝对行车姿态控制效率。

2. 底盘线控系统的技术现状

底盘线控系统的技术现状如图1-1-20所示。

民族自信：智能新能源汽车战略下的中国实力（比亚迪）

线控转向	线控制动	线控驱动
□ 目前线控转向系统技术主要在研发阶段。从整车厂角度，已搭载该技术的量产车型仅英菲尼迪Q50一款车，泛亚和同济大学联合进行预研发，并没有与零部件厂商合作。从供应商角度，目前博世、采埃孚等厂商正积极研发做样件，但还未在整车上搭载，博世线控转向系统采用的是双冗余全备份方案	□ 目前市场上线控制动技术主流的路线是电子液压制动（EHB）系统，且已经有多款量产产品，如博世的iBooster、大陆的MK C1等。电子机械制动（EMB）系统由于技术不够成熟，目前仍处于研发阶段	□ 针对传统内燃机汽车，线控驱动技术（线控油门）目前在乘用车和商用车上普遍应用，市场占有率达99%以上；针对新能源汽车，线控驱动技术已经全面应用，现在正处于集中电机驱动阶段。随着电气化水平的提高，未来将向以轮边电机和轮毂电机为代表的分布式驱动发展

图1-1-20 底盘线控系统的技术现状

3. 底盘线控系统的技术难点

底盘线控系统的技术难点如图1-1-21所示。

4. 底盘线控系统的发展趋势

（1）由单一向"四化"发展

随着汽车电子技术的快速发展，汽车的发展趋势是集成化、模块化、机电一体化以及智能化。汽车底盘系统线控化将从部分子系统线控化逐渐演进到全局线控化，多系统多控制器将逐渐被域控制器取代，如图1-1-22所示。

项目一 底盘线控执行系统

线控转向	线控制动	线控驱动
➤ 线控转向技术的应用核心难点是系统的安全性和可靠性。由于线控转向系统转向盘和转向轮之间没有直接的机械连接，当线控转向系统出现故障时，车辆将无法保证转向功能，会处于失控状态。虽然目前采用冗余措施，但也仅能在一定程度上提高可靠性，目前的控制器在故障诊断和处理能力上还需要进一步提升。另外，路感模拟技术也是线控转向系统的技术难点之一	➤ 电子液压制动（EHB）系统相较于电子机械制动（EMB）系统要成熟得多，目前在应用上几乎没有太大的难点。EMB系统应用落地的主要难点有：①没有备份系统，对安全性要求极高；②制动力不足，需要提供足够多的能量；③工作环境恶劣，如高温、振动等	➤ 针对传统内燃机汽车，线控驱动技术目前没有应用难点，随着自动驾驶等级的提高，优化冗余备份及提高功能安全等级即可；针对新能源汽车，线控驱动技术难点在：在电机方面，包括永磁同步电机效率的提升，轮边、轮毂电机技术的突破，比如冷却技术、集成技术等；在电控方面，IGBT散热技术、封装技术、布局优化等需要解决，随着自动驾驶等级的提升，电机控制器功能安全的等级也需要随之升级

图1-1-21 底盘线控系统的技术难点

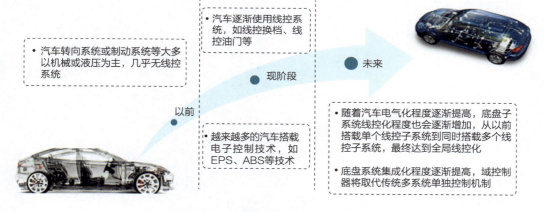

图1-1-22 底盘线控系统的发展趋势

（2）提高线控技术的可靠性和安全性

提高线控系统的可靠性和安全性，是当务之急。只有实现高度的安全，才能实现线控技术在车辆上的全面应用。

（3）降低成本

线控系统中所必需的传感器、高功率电机、高性能电源，以及硬件冗余等，都大大增加了成本。随着技术的进步、电子设备成本的下降，以及其他技术手段（如非硬件冗余的容错控制技术等）的应用，线控系统的成本会逐渐下降。只有成本下降了，线控系统才能在量产车上大范围应用。

（4）应用范围的扩展

实现低成本和高可靠性后，结合目前的电动化、智能化发展趋势，线控技术的应用范围将越来越广，对自动驾驶的发展也会起到有效的推动作用。

任务小结

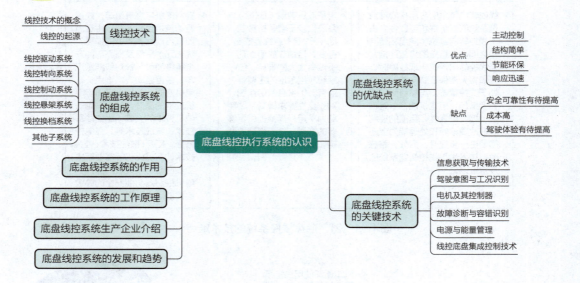

学习任务二
CAN 总线的认识与应用

任务描述

引导问题

底盘线控系统部分域控制器使用的 CAN 总线有哪些特点？我们可以使用什么工具对 CAN 总线数据进行分析呢？

任务场景

现有学员反映，他对车辆的驱动数据感兴趣，想去了解车辆的驱动 CAN 数据，如果请你帮忙，你会如何教他读取驱动 CAN 数据？用什么工具读取？

任务分析

本任务主要学习 CAN 总线的组成、工作原理及分类，CAN 总线主流的拓扑结构，CAN 总线的数据类型和数据传输规则，CAN 盒的功能，CANTest 的安装及使用方法。

学习目标

能力目标

1. 能通过课程解释 CAN 总线的工作原理。
2. 能说出 Intel 编码与 Motorola 编码的异同。
3. 能使用 CANTest 读取 CAN 信号数据。

知识目标

1. 描述 CAN 总线的定义、发展历史和特点。
2. 叙述 CAN 总线的组成及分类。
3. 区别 CAN 总线的数据类型和数据传输规则。
4. 说出 CANTest 的安装方法及使用注意事项。

素养目标

1. 培养解决问题和创造新知识的科学素养。
2. 树立学习 CAN 总线的创新精神和工匠精神。

知识准备

一、CAN 总线概述及发展历史

1. CAN 总线概述

CAN 是 Controller Area Network 的缩写，即控制器局域网络，通常称为 CAN BUS，即 CAN 总线。它是一个用于连接电子控制单元（ECU）的多主机串行总线标准。

CAN 总线建立在基于信息导向传输协定的广播机制（Broadcast Communication Mechanism）上，属于现场总线的范畴。它是一种有效支持分布式控制或实时控制的串行通信网络，是由以研发和生产汽车电子产品著称的德国博世公司为了解决当时汽车控制系统的需求而开发的。CAN 总线取得了国际标准化组织（ISO 11898）的认证，被世界各大汽车公司广泛应用，是国际上应用最广泛的现场总线之一。

CAN 总线的数据传输线可以为双绞线、同轴电缆和光纤。但汽车上 CAN 数据传输线大多数是双绞线，分别是 CAN-H 和 CAN-L 两根线，如图 1-2-1 所示。CAN 总线最高速率可达到 1Mbit/s。CAN 节点与节点之间不会传输大数据块，一帧 CAN 消息最多传输 8 字节用户数据，采用短数据包也可以使得系统获得更好的稳定性。

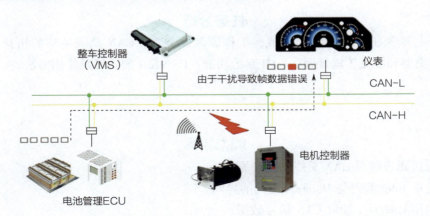

图 1-2-1 标定过程

2. CAN 总线的发展历史

爱国主义：国产CAN 总线芯片的崛起

CAN 总线经历了很多年的发展历史。

1) 1983 年：博世公司着手开发 CAN 总线。

2) 1986 年 2 月：在密歇根州底特律举办的美国汽车工程师学会（SAE）会议上，博世公司公布了 CAN 总线协议作为汽车电子解决方案。

3) 1991 年：博世公司发布了 CAN 2.0。该规范由 A 和 B 两部分组成。A 部分用于标准格式，带有 11 位标识符；B 部分用于带有 29 位标识符的扩展格式。使用 11 位标识符的 CAN 设备通常称为 CAN 2.0A，使用 29 位标识符的 CAN 设备通常称为 CAN 2.0B。

4）1993 年 11 月：CAN 总线被列入国际标准，发布了 ISO 11898 和 ISO 11519。

5）2003 年：ISO 将原先的 ISO 11898 标准的数据链路和高速物理层分离为 ISO 11898-1 和 ISO 11898-2 两部分。

6）2006 年：ISO 11898-3（低功耗、低速物理层）发布。

7）2007 年：ISO 11898-5（低功耗、高速物理层）发布。

8）2012 年：博世公司发布了 CAN FD 1.0。

9）2013 年：ISO 11898-6（具有选择性唤醒功能的物理层）发布。

10）2015 年：ISO 11898-1（经典 CAN 和 CAN FD）评审稿发布。

如今，几乎每一辆汽车都应用 CAN 总线。

二、CAN 总线的组成及工作原理

1. CAN 总线的组成

CAN 总线由节点（CPU、CAN 控制器和 CAN 收发器）、与节点连接的总线（CAN-H 和 CAN-L）及终端电阻组成，如图 1-2-2 所示。

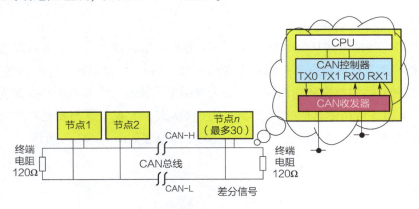

图 1-2-2　CAN 总线的组成

（1）中央处理器

中央处理器（CPU）控制 CAN 控制器，提供需要发送的 CAN 数据，并读取接收过来的 CAN 数据。

（2）CAN 控制器

CAN 控制器一方面接收收发器的数据，进行解析后发送给 CPU；另一方面接收 CPU 的指令数据，然后发送给 CAN 收发器。

（3）CAN 收发器

CAN 收发器既可以收，也可以发，收是接收 CAN 总线上的差分信号，将差分信号转换为 TTL 电平信号，发送给控制器；发是将 CAN 控制器的 TTL 电平信号转换为差分信号进行总线数据传输，如图 1-2-3 所示。

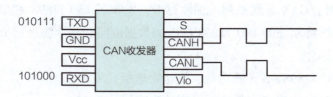

图1-2-3 差分信号与TTL电平信号相互转换

(4) 终端电阻

终端电阻可以吸收总线上的反射波，增强信号强度，提高数据通信的抗干扰性及可靠性。两个终端电阻并联后的电阻值应该等于传输线在通信频率上的特性阻抗，阻抗不匹配会引起信号反射，典型值为120Ω。

高频信号传输时，信号波长相对传输线较短，信号在传输线终端会形成反射波，干扰原信号，所以要在传输线末端加终端电阻。

而对于低频信号，不用加终端电阻。但在长线传输时，为了避免信号反射和回波，一般也要在接收端接入终端电阻。

2. CAN总线的工作原理

CAN总线以广播的方式从一个节点向另一个节点发送数据，当一个节点发送数据时，该节点的CPU把将要发送的数据和标识符发送给本节点的CAN控制器，并使其进入准备状态。一旦该CAN控制器收到数据和标识符，就变为发送报文状态，将要发送的数据组成规定的报文格式发出。此时，网络中其他的节点都处于接收状态，所有节点都要先对其进行接收，通过检测来判断该报文是否发给自己。CAN总线的工作原理如图1-2-4所示。

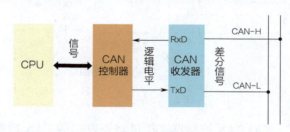

图1-2-4 CAN总线的工作原理

(1) 发送过程

CAN控制器将CPU传来的信号转换为逻辑电平（即逻辑0-显性电平或者逻辑1-隐性电平）。CAN发射器接收逻辑电平之后，再将其转换为差分信号输出到CAN总线上。

(2) 接收过程

CAN接收器将CAN-H和CAN-L线上传来的差分信号转换为逻辑电平输出到CAN控制器，CAN控制器再把该逻辑电平转化为相应的信号发送到CPU上。

三、CAN 总线主流的拓扑结构

主流的 CAN 总线拓扑结构有总线型拓扑、星型拓扑、环型拓扑和树型拓扑。

1. 总线型拓扑

总线型拓扑也叫直线型拓扑，是比较典型的 CAN 总线拓扑结构，所有的节点都连接到同一总线上，在总线的两端分别需要一个电阻，如图 1-2-5 所示。它具有布线施工简单和阻抗匹配固定规则等优点，但是这种拓扑方式不灵活，会增加实际传输距离。

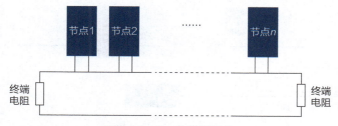

图 1-2-5　总线型拓扑

2. 星型拓扑

星型拓扑（图 1-2-6）的分支在完全等长情况下，可不使用集线器或中继设备，只需要调整终端电阻即可实现组网。如果各分支线路长度不同，就需要使用集线器或中继设备对总线进行控制，以保证信号质量。星型拓扑的优点是维护管理容易、重新配置灵活。这种拓扑方式的缺点也很明显，如中央设备失效会导致网络瘫痪和分支不等长时阻抗匹配复杂。

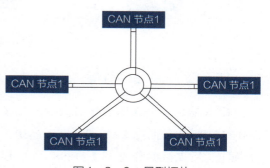

图 1-2-6　星型拓扑

3. 环型拓扑

环型拓扑（图 1-2-7）是将 CAN 总线首尾相接，形成环状，在终端电阻匹配方面采用分布式匹配方法，保证总体阻抗为 60Ω。在线缆的任意位置断开后，总线依然可以通信；但断线后，信号反射严重，无法应用于高波特率和远距离场合。

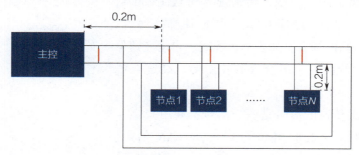

图 1-2-7　环型拓扑

4. 树型拓扑

树型拓扑（图1-2-8）的特点是分支较长并且长度不同。由于各直线长度不同，阻抗匹配困难，常使用中继器进行分支。每个中继器都具备独立的CAN控制器，所以可以将每段形成独立的直线拓扑，方便施工。这种拓扑方式布线施工方便，且能最大限度缩短布线距离。但网络拓扑复杂，施工人员无法进行阻抗匹配，需增加中继器进行网络拓扑分割。

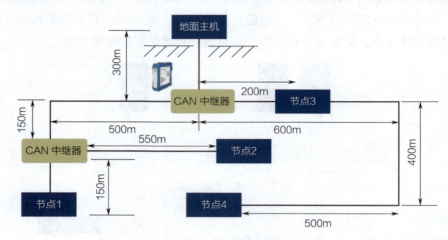

图1-2-8 树型拓扑

四、CAN总线的分类

CAN协议经ISO标准化后分为高速CAN和低速CAN。ISO 11898是高速CAN的标准，ISO 11519-2是低速CAN的标准。起初，高速CAN数据链路层和物理层都在标准ISO 11898中规定，后来被拆分为ISO 11898-1（仅涉及数据链路层）和ISO 11898-2（仅涉及物理层）。其中标准ISO 11519-2已经在2006年被ISO 11898-3代替了，也就是说符合标准ISO 11898-3的产品也是支持ISO 11519-2标准的产品。

1. 高速CAN

ISO 11898定义了通信速率为125k~1Mbit/s的高速CAN通信标准，属于闭环总线，传输速率可达1Mbit/s，总线长度小于等于40m。高速CAN主要应用在实时性、数据传输速度要求高的场合，如发动机控制、自动变速器控制、行驶稳定系统控制、组合仪表控制等。高速CAN总线结构如图1-2-9所示。

在CAN总线上传输的信号是差分信号，利用CAN-H和CAN-L两根线上的电位差来表示CAN信号。CAN-H电平与CAN-L电平相减，得到一个差值电平，

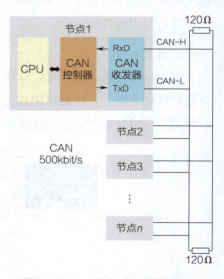

图1-2-9 高速CAN总线结构

CAN 收发器会将这个差值电平转换成逻辑状态，即显性和隐性。其中显性电平为逻辑"0"，隐性电平为逻辑"1"。这是因为 CAN 总线采用"线与"的规则进行总线仲裁，在 CAN 2.0 中规定了总线上同时传输显性和隐性电平时，总线是显性，即 1&0 = 0，所以逻辑"0"为显性。

高速 CAN 在传输隐性状态位（逻辑为"1"）时，CAN – H 和 CAN – L 的电平都是 2.5V，在传输显性位时，CAN – H 上的电平是 3.5V，CAN – L 上的电平是 1.5V。高速 CAN 电平如图 1 – 2 – 10 所示。

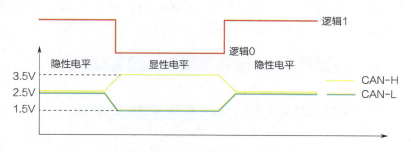

图 1 – 2 – 10　高速 CAN 电平

2. 低速 CAN（ISO 11519 – 2）

ISO 11519 – 2 和 ISO 11898 – 3 定义了通信速率为 40 ~ 125kbit/s 的低速 CAN 通信标准，属于开环总线，传输速率为 40kbit/s 时，总线长度可达 1000m。低速 CAN 主要应用在车身控制系统等对可靠性要求高的场合，如空调控制、座椅调节、车窗升降、天窗控制、车镜控制、车灯控制、导航系统控制等。低速 CAN 总线结构如图 1 – 2 – 11 所示。

低速 CAN 在传输隐性状态位（逻辑为"1"）时，CAN – H 上的电平是 1.75V，CAN – L 上的电平是 3.25V；在传输显性状态位（逻辑为"0"）时，CAN – H 上的电平是 4V，CAN – L 上的电平是 1V。低速 CAN 电平如图 1 – 2 – 12 所示。

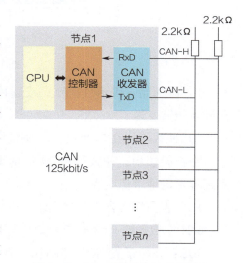

图 1 – 2 – 11　低速 CAN 总线结构

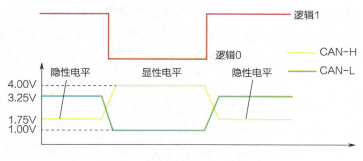

图 1 – 2 – 12　低速 CAN 电平

五、CAN 总线的数据类型

CAN 总线的数据类型主要有数据帧、过载帧、帧间隔、远程帧和错误帧五种。

1. 数据帧

数据帧是用于表示发送单元向接收单元传送数据的帧。数据帧的结构包含七个段：帧起始、仲裁段、控制段、数据段、循环冗余校验（CRC）段、确认（ACK）段和帧结束。根据仲裁段标识符长度的不同，分为标准帧和扩展帧，如图 1-2-13 所示。

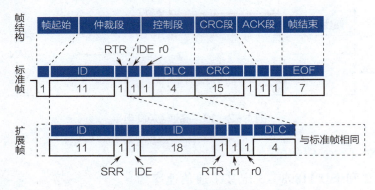

图 1-2-13　数据帧的结构

1）帧起始：表示数据帧（或远程帧）的开始，仅由一个显性位构成，只有在总线空闲期间才能够发送。

2）仲裁段：在标准帧中，仲裁段由 11 位标识符（ID）和远程发送请求位（RTR）组成；在扩展帧中，仲裁段由 29 位标识符、远程代替请求位（SRR）、扩展标识符位（IDE）和远程发送请求位组成。

ID：表明报文含义及优先级。

RTR：数据帧 RTR 必须为显性电平（RTR=0），远程帧 RTR 必须为隐性电平（RTR=1）。

IDE：在标准帧属于控制段，在扩展帧中属于仲裁段。在标准帧中 IDE 为显性电平（IDE=0），在扩展帧中 IDE 为隐性电平（IDE=1）。

SRR：在扩展帧中始终为隐性电平（SRR=1）。

3）控制段：由 6bit（位）组成。在标准帧中，控制段包括 IDE（显性电平 0）、保留位 r0（显性电平 0）以及占 4bit 的数据长度编码位（DLC），数据长度编码位表示该帧实际发送的数据的长度（以字节为单位）。在扩展帧中，控制段没有 IDE 位，而是两个保留位 r0 和 r1，均为显性电平 0。

4）数据段：包含 CAN 数据帧发送的数据，0~8B（字节）。

5）循环冗余校验段：它包括循环校验序列（CRC Sequence）和界定符（DEL）。CRC 校验是为了通信双方的安全可靠性制定的"暗号"，只有发送方根据发送信息计算的 CRC 值与接收方根据接收信息计算的 CRC 值对上，才能判断这次通信成功了，否则就会报错。

循环校验序列：15bit，用于校验传输是否正确。

界定符：1bit，隐性信号，表示循环校验序列的结束。

6）确认段：包括确认位（ACK SLOT）和界定符，表示总线中至少有一个节点正确接收到发送的报文，没有发生干扰。发送节点发出的报文中 ACK 及 DEL 均为隐性电平 1，接收节点正确接收后会用显性电平 0 覆盖 ACK 的隐性电平 1，以表示正确接收。简单而言，正确接收 ACK =0，DEL =1；未正确接收 ACK = DEL =1。

7）帧结束：7 个连续的隐性位，表示数据帧结束。节点在检测到 11 个连续的隐性位后认为总线空闲。

2. 过载帧

过载帧是接收单元通知其尚未做好接收准备的帧。过载帧由过载标志（6 个连续显性电平位）和过载帧界定符（8 个连续隐性电平位）组成，如图 1 - 2 - 14 所示。由于存在多个节点时过载帧发送有时间差问题，可能出现过载标志叠加后超过 6 位的现象。

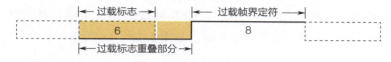

图 1 - 2 - 14 过载帧

3. 帧间隔

帧间隔用于将数据帧或远程帧和它们之前的帧分离开，但过载帧和错误帧前面不会插入帧间隔，如图 1 - 2 - 15 所示。

图 1 - 2 - 15 帧间隔

4. 远程帧

远程帧是接收单元向具有相同 ID 的发送单元请求数据的帧，帧结构如图 1 - 2 - 16 所示。与数据帧相比，远程帧结构上没有数据段，由 6 个段组成，同理分为标准帧和扩展帧。远程帧与数据帧的区别见表 1 - 2 - 1。

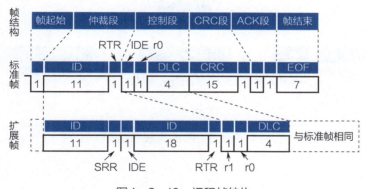

图 1 - 2 - 16 远程帧结构

表1-2-1 远程帧与数据帧的区别

比较内容	数据帧	远程帧
ID	发送节点的 ID	被请求发送节点的 ID
SRR	0（显性电平）	1（隐性电平）
RTR	0（显性电平）	1（隐性电平）
DLC	发送数据长度	请求的数据长度
是否有数据段	是	否
CRC 校验范围	帧起始+仲裁段+控制段+数据段	帧起始+仲裁段+控制段

5. 错误帧

错误帧是当检测出错误时向其他单元通知错误的帧。错误帧由错误标志和错误界定符（8位的隐性位）构成，其中错误标志包括主动错误标志（6位的显性位）和被动错误标志（6位的隐性位）两种，如图1-2-17所示。CAN总线的错误类型包括CRC错误、格式错误、应答错误、位发送错误和位填充错误5种，如图1-2-18所示。

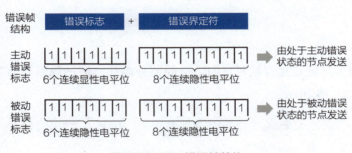

图1-2-17 错误帧结构

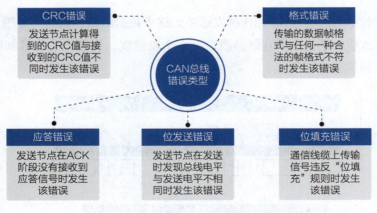

图1-2-18 CAN总线错误类型

六、CAN 数据的传输规则与编码格式

1. CAN 数据的传输规则

对于单个字节，CAN 总线在进行数据传输时，首先传输一个字节的高位（MSB），最后传输该字节的低位（LSB）。

而对于多个字节，有不同的传输顺序。一般情况下，主机厂在定义 CAN 总线信号的时候，都会明确定义字节的发送顺序，主要有两种顺序：一种为先发送低字节（LSB）再发送高字节（MSB），另一种为先发送高字节（MSB）再发送低字节（LSB）。其中前者发送顺序（先 LSB，后 MSB）是目前主机厂的主流。下面以 CAN 总线报文的发送顺序为首先发送 LSB，最后发送 MSB 的方式为前提，介绍 Intel 格式和 Motorola 格式这两种编码方式的不同。当一个信号的数据长度不超过 1B 时，Intel 和 Motorola 两种格式的编码结果完全一致，但是当数据长度超过 1B 时，两者的编码结果出现了明显的不同。

2. CAN 报文的编码格式

（1）Intel 格式编码

当一个信号的数据长度不超过 1B，并且信号在 1B 内实现时，该信号的高位（S_msb）将被放在该字节的高位，该信号的低位（S_lsb）将被放在该字节的低位。

当一个信号的数据长度超过 1B，但是采用跨字节的方式实现时，该信号的高位（S_msb）将被放在高字节（MSB）的高位，信号的低位（S_lsb）将被放在低字节（LSB）的低位，这样信号的起始位就是低字节的低位。CAN 报文 Intel 格式编码如图 1-2-19 所示。

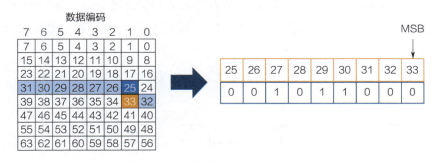

图 1-2-19　CAN 报文 Intel 编码

（2）Motorola 格式编码

当一个信号的数据长度不超过 1B 并且信号在 1B 内实现时，信号的高位（S_msb）将被放在该字节的高位，信号的低位（S_lsb）将被放在该字节的低位，这样，信号的起始位就是该字节的低位。

当一个信号的数据长度超过 1B，但是采用跨字节方式实现时，该信号的高位（S_msb）

将被放在低字节（LSB）的高位，信号的低位（S_lsb）将被放在高字节（MSB）的低位，这样信号的起始位就是高字节的低位。CAN 报文 Motorola 格式编码如图 1-2-20 所示。

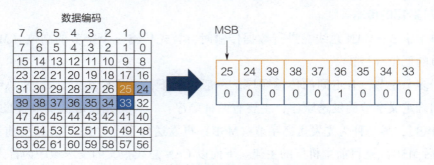

图 1-2-20　CAN 报文 Motorola 编码

七、CAN 总线的特点

1. 出色的抗干扰性能

（1）CAN 总线的传输线采用双绞线

双绞线与两端的通信设备虽然构成一个大的导线闭合回路，但由于双绞线是双线扭绞而成，在空间上构成一个一个的小闭合回路，穿过双绞线的磁感应线在相邻的两个"绞孔"的空间上虽然感应电动势方向相同，但在同一根导线上的感应电动势方向是相反的，因此，起着抵消的作用。

（2）CAN 总线是差分线

CAN 总线有 CAN-H 和 CAN-L 两根线，差分线的抗干扰能力强，外界有干扰时，几乎同时会耦合到差分线的两根线上，而接收器关心的只是两信号的差值，所以外界的共模噪声可以被完全抵消，虽然两根线都受到干扰，但是两者差值不变。差分线的抗干扰原理如图 1-2-21 所示。

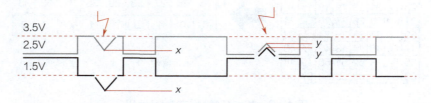

图 1-2-21　差分线的抗干扰原理

2. 多主控模式

CAN 总线的拓扑结构一般为线型。最常用线束为非屏蔽双绞线（UTP），线上传输对称的电平信号（差分），节点没有主从之分，可接收，也可发送，在总线空闲的状态下，任意节点都可向总线发送消息，如图 1-2-22 所示。

项目一 底盘线控执行系统

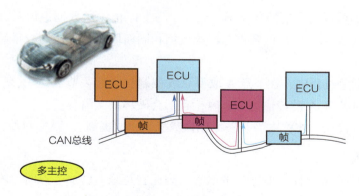

图1-2-22 CAN总线多主控模式

3. 非破坏性仲裁机制

总线处于空闲状态时，与总线相连的所有单元都可以开始向总线发送新消息。两个或以上的单元同时开始发送消息时，根据标识符决定优先级。ID 并不是表示发送的目的地址，而是表示访问总线的消息的优先级。报文标识符的值越小，报文具有越高的优先权。两个或以上的单元同时开始发送消息时，对各消息 ID 的每个位进行逐个仲裁比较。

1）回读机制：节点在向总线发送报文的同时也对总线上的电平进行检测。通过这种机制，节点就可以判断本节点发出的二进制位与总线上当前的二进制位是否一致。

2）线与机制：指的是在总线上，显性位能够覆盖隐性位，这由 CAN 总线的物理结构决定。假设总线上有两个节点 A 和 B，当总线空闲时，这两个节点同时向总线发送数据，发送优先级如图 1-2-23 所示。

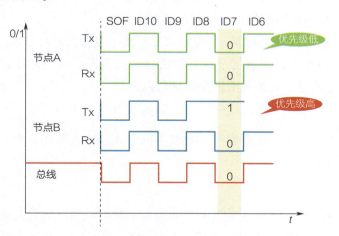

图1-2-23 非破坏性仲裁机制

从图 1-2-23 可以看出，在某一时刻，节点 A 和 B 同时向总线上发送数据。在起始位 SOF 之后依次发送 ID 数据，并且节点 A 和 B 的前三位 ID10、ID9 和 ID8 数据相同，由于 CAN 总线的线与特性，节点 A 和 B 发出的数据与回读的数据相同，所以 A 与 B 继续发送数据。当发送到 ID7 时，A 的 ID7 为显性位，B 的 ID7 为隐性位，那么这两位的线与结果是显性，所以 B 回读的数据与发送的数据不一致，B 马上停止发送数据退出总线竞争，并转换为接收状态。而节点 A 由于发出的数据与回读数据相同而取得总线控制权继续发送数据，直到报文发送结束。

在整个总线竞争过程中，在节点 A 取得总线控制权之后，节点 A 继续发送自己的报文，总线竞争并不会对节点 A 的传输造成延时，且不会破坏报文内容。

正是由于这些特点，才称之为非破坏性仲裁机制，这提高了 CAN 总线的实时性能。

4. 系统的柔软性

CAN 总线上的节点没有"地址"的概念，因此在总线上增加节点时，不会对总线上已有节点的软硬件及应用层造成影响。

5. 通信速度的设定

根据整个网络的规模，可设定适合的通信速度。在同一网络中，所有单元必须设定成统一的通信速度。如果有一个单元的通信速度与其他的不一样，此单元会输出错误信号，妨碍整个网络的通信。不同网络间则可以有不同的通信速度。两条不同通信速度总线上的节点通过网关可实现信息交互。

例如，汽车上一般有两条 CAN 总线：500kbit/s 的驱动系统 CAN 总线和 125kbit/s 的舒适系统 CAN 总线。如果驱动系统 CAN 总线上的发动机节点要把自己的转速信息发送给舒适系统 CAN 总线上的转速表节点，那么这两条总线必须通过网关相连。

6. 高度的错误处理功能

CAN 总线具有错误检测、错误通知和错误恢复等功能。

1）错误检测：所有的节点都可以检测出错误。

2）错误通知：检测出错误的节点会立即通知总线上其他所有的节点。

3）错误恢复：正在发送消息的节点，如果检测到错误，会立即停止当前的发送，并同时不断地重复发送此消息，直到该消息发送成功为止。

7. 数据可请求

某个节点可以通过发送"远程帧"到总线上的方式，请求另外一个节点来发送由该"远程帧"所指定的报文。

8. 故障封闭

CAN 总线可以判断出错误的类型是总线上暂时的数据错误（如外部噪声等）还是持续的数据错误（如单元内部故障、驱动器故障、断线等）。当总线上发生持续数据错误时，可将引起此故障的单元从总线上隔离出去。

八、CAN 盒

1. CAN 盒概述

USB CAN 盒因其一般为正方体盒子形状而得名，也称为 USB CAN 分析仪、CAN 总线分析仪、CAN 卡等，如图 1-2-24 所示。

图 1-2-24　CAN 盒

2. CAN 盒功能

CAN 盒配合上位机软件或者配套的工具（如 CANTest、USB_CAN TOOL），可以实现非常多的功能，比如进行 CAN 总线数据的收发、转存 CAN 数据，有的还可以充当 CANopen 总线里的上位机，发送通信指令，实现对 CANopen 总线的测试。当然，CAN 盒最普遍的功能还是靠它来读取目标 CAN 总线上的数据，如图 1-2-25 所示。

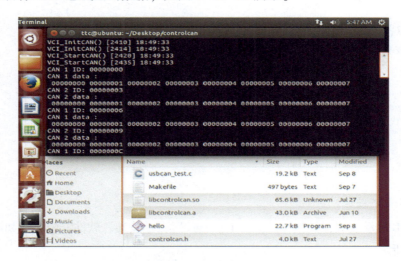

图 1-2-25　读取 CAN 数据

项目实施

一、CANTest 的下载及使用流程

CANTest 的下载及使用流程如图 1-2-26 所示。

图 1-2-26　CANTest 的下载及使用流程

二、作业前的准备

1. 物料准备

设备：计算机（笔记本计算机/上位机）、CAN 盒及连接线束。

2. 设备检查

检查计算机（笔记本计算机/上位机）是否正常上网。

三、CANTest 的下载安装及使用方法

CANTest 官方版是一款专业的通用测试软件，能够帮助用户进行 CAN 数据的收发，以及监测 CAN 总线上的数据，适用于 CANalyst-II 双通道。用户可以自行到官方网站上下载免费的 CANTest 软件。

1. CANTest 软件的下载

1) 确保下载及安装位置有足够的存储空间。
2) 下载教材提供的 CANTest 软件安装包，如图 1-2-27 所示。

图 1-2-27　软件包

2. USB 驱动的安装

运行"USB 驱动安装工具 Setup（V1.40）.exe"开始安装。软件安装步骤如图 1-2-28～图 1-2-31 所示。

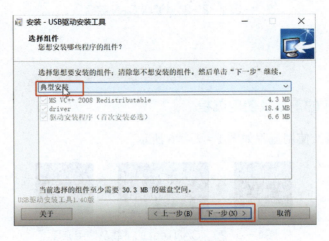

图 1-2-28　典型安装

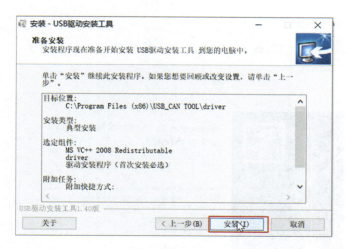

图1-2-29　安装

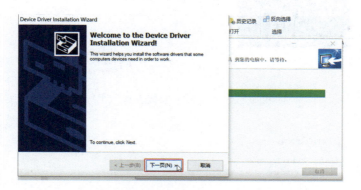

图1-2-30　下一步

图1-2-31　驱动安装完成

033

3. CANTest 软件的安装

1）运行 CANTest_Setup_V2.xx.exe 开始安装。软件安装步骤如图 1-2-32～图 1-2-35 所示。

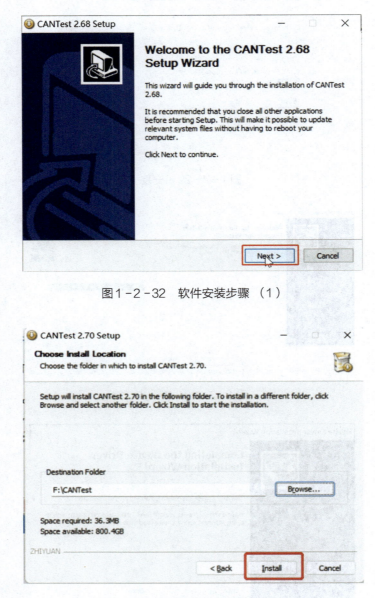

图 1-2-32　软件安装步骤（1）

图 1-2-33　软件安装步骤（2）

2）打开并运行 CANTest.exe，在正确安装了 USBCAN 适配器的驱动程序后，即可通过 CANTest 软件进行操作了。

3）如图 1-2-36 所示，进行型号选择。

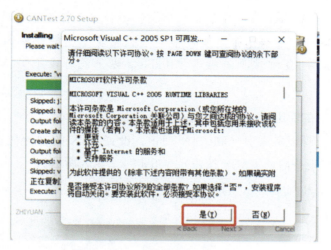

图1-2-34　软件安装步骤（3）

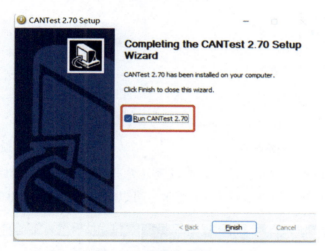

图1-2-35　软件安装步骤（4）

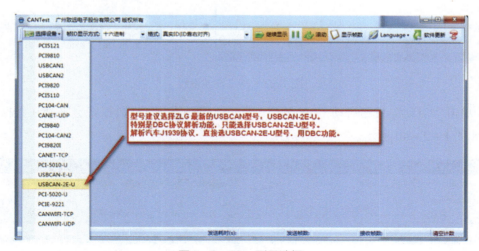

图1-2-36　型号选择

注意：周立功的 CANTest 软件在启动的时候，会弹出选择设备并填充初始参数的对话框，单击"打开设备"对话框，在"波特率"下拉列表中选择设备的波特率（可以选择 1000kbit/s 到 5kbit/s 等 10 种常见波特率，10kbit/s 以下波特率不支持），如图 1-2-37 所示。

4. CANTest 软件的使用

1）打开软件，选择设备索引号和 CAN 通道，设置 CAN 的初始化参数，单击"确定"按钮（或者单击"确定并启动 CAN"按钮），如图 1-2-38 所示。

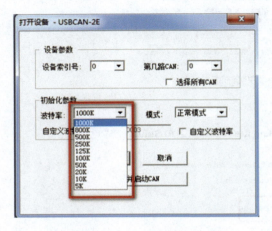

图 1-2-37　波特率选择　　　　　图 1-2-38　设备选择

2）单击"滤波设置"按钮，进行滤波设置（先选择滤波模式，然后通过设定滤波器来设置需要过滤的 CAN 帧，如果不需要设置滤波，可以略过此步骤），如图 1-2-39 所示。

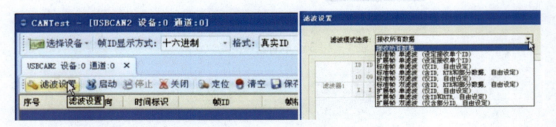

图 1-2-39　滤波设置

3）单击"启动"按钮启动 CAN 通道，此时接收到的 CAN 数据将会自动在数据列表中显示，如图 1-2-40 所示。

图 1-2-40　启动 CAN 通道

4）启动 CAN 通道后，单击"设备操作"，再单击菜单中的"设备信息"选项获取当前设备的详细信息，如图 1-2-41 所示。

图 1-2-41　获取设备信息

5）启动 CAN 成功后，在图 1-2-42 中设置好要发送的 CAN 帧的各项参数，然后单击"发送"按钮就可以发送数据。

图 1-2-42　发送数据

6）单击"高级操作"标签进入高级操作页面，可以设置每次发送多个不同的 CAN 帧（最多可设置 100 帧），如图 1-2-43 所示。

图 1-2-43　发送数据

7）单击菜单栏的"DBC"，打开 DBC 界面（图 1-2-44），可以导入需要的 DBC 文件进行帧解码（解码显示在界面下方，默认自带 J1939 解码），或者使用此界面的 CAN 帧进行按 ID 分类的显示功能，即"ID 固定，数据变化"，有变化的数据段会标红。

图1-2-44　DBC解码与按ID分类显示

5. 整理与清洁

1）退出软件。

2）关闭计算机（笔记本计算机/上位机）。

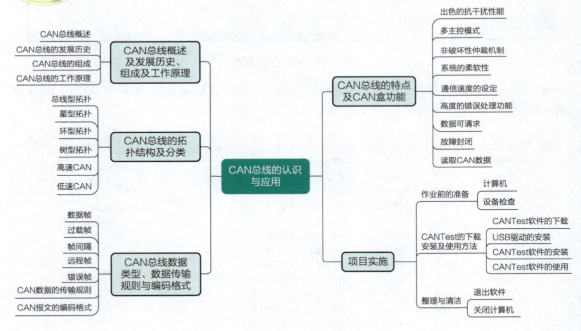

1. 判断题

（1）"线控"是机电控制中的一种物理控制方式。（　　）

（2）线控技术（X-By-Wire）最早应用在汽车上。（　　）

（3）线控是两个部件之间通过线缆连接方式进行控制，而非通过机械或液压。（　　）
（4）底盘线控系统发展的关键技术主要包括信息获取与传输、驾驶人意图与工况辨识、电机与控制器、故障诊断与容错识别、电源与能量管理、线控底盘集成控制等相关技术。（　　）
（5）底盘线控系统主要有五大子系统。（　　）
（6）线控系统的电机主要以转速和转矩等作为控制目标。（　　）
（7）线控系统应及时检测到系统故障，确定故障源，并做出相应的容错控制动作。（　　）
（8）随着汽车电子技术的快速发展，汽车的发展趋势是集成化、模块化、机电一体化以及共享化。（　　）
（9）CAN 是 Controller Area Network 的缩写，即控制器局域网络。（　　）
（10）CAN 总线的数据类型主要有数据帧、过载帧、帧间隔、远程帧和错误帧五种。（　　）

2. 不定项选择

（1）第一架采用线控技术的飞机是于（　　）试飞的美军 F 111 "土豚" 战斗机。
　　A. 1964 年　　　B. 1965 年　　　C. 1994 年　　　D. 1995 年
（2）目前，底盘线控系统中最为核心的是（　　）。
　　A. 线控驱动　　B. 线控转向　　C. 线控制动　　D. 线控悬架系统
（3）底盘线控系统的优点有（　　）。
　　A. 提高了驾驶的舒适性　　　　B. 有助于车辆轻量化
　　C. 提高系统性能　　　　　　　D. 维护简单
（4）底盘线控系统中的信息获取与传输技术主要包括（　　）。
　　A. 状态估计　　B. 传感器技术　　C. 辨识技术　　D. 总线技术
（5）传感器和执行器故障后，系统还可能保持部分工作，而一旦（　　）出现故障，系统就会处于完全瘫痪状态，失去所有功能。
　　A. VCU　　　　B. 计算平台　　　C. ECU　　　　D. EPS
（6）汽车传统转向系统分为（　　）。
　　A. 液压转向系统　　　　　　　B. 电动助力转向系统
　　C. 机械转向系统　　　　　　　D. 动力转向系统
（7）（　　）年，同济大学在上海国际工业博览会上展示了配备线控转向系统的四轮独立驱动微型电动车春晖三号。
　　A. 2002　　　　B. 2003　　　　C. 2004　　　　D. 2006
（8）CAN 总线由（　　）组成。
　　A. 节点　　　　B. 总线　　　　C. 终端电阻　　D. 控制器

(9) 主流的 CAN 总线拓扑结构有（　　　）。

    A. 总线型拓扑　　　B. 星型拓扑　　　C. 环型拓扑　　　D. 树型拓扑

(10) ISO 11898 定义了高速 CAN 通信标准的通信速率为（　　　）。

    A. 80～890kbit/s　　　　　　　　B. 125k～1Mbit/s

    C. 365k～2Mbit/s　　　　　　　　D. 560k～3Mbit/s

3. 简答题

(1) 简述 CAN 数据的传输规则。

(2) 简述底盘线控系统的工作原理。

(3) 底盘线控系统的作用有哪些？

(4) 简述 CAN 总线的工作原理。

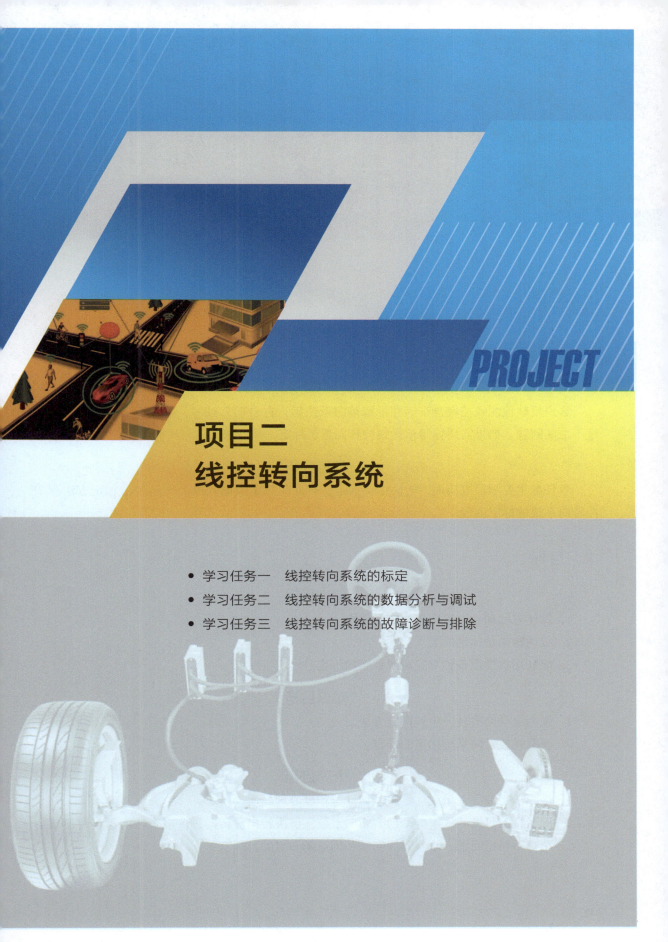

项目二
线控转向系统

- 学习任务一 线控转向系统的标定
- 学习任务二 线控转向系统的数据分析与调试
- 学习任务三 线控转向系统的故障诊断与排除

学习任务一
线控转向系统的标定

任务描述

引导问题
你知道线控转向系统的标定流程及要求吗？如何对车辆线控转向系统进行标定？

任务场景
客户反映他的线控底盘车辆在维修转向系统后，在自动驾驶时，偶尔会出现线控转向角度不准的问题，如果需要你帮忙做线控转向系统标定，你该怎么做？

任务分析
本任务主要学习电动助力转向中位标定、转向角标定及电动助力转向中位标定方法和线控转向系统的标定流程。

学习目标

能力目标
1. 叙述电动助力转向中位标定重要性。
2. 叙述转向角标定的要求。
3. 能利用教学设备独立完成线控转向标定。

知识目标
1. 说明电动助力转向中位标定方法。
2. 说明线控转向系统标定的步骤。

素养目标
1. 培养学生细心、乐观、希望、韧性等积极心理品质。
2. 讲述我国研发的汽车电动助力转向系统，解决转向盘转向过度或者转向不足时出现的车身不稳定问题，培养解决问题和创造新知识的科学素养。

知识准备

一、汽车转向系统

1. 汽车转向系统概念和功能

用来改变或保持汽车行驶或倒退方向的一系列装置称为汽车转向系统，汽车转向系统的功能就是按照驾驶人的意愿控制汽车的行驶方向，如图2-1-1所示。

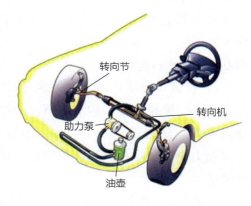

图2-1-1 汽车转向系统

汽车传统转向系统分为两大类：机械转向系统和动力转向系统。机械转向系统以驾驶人的体力作为转向能源，其中所有传力件都是机械的。机械转向系统由转向操纵机构、转向器和转向传动机构三大部分组成。动力转向系统是兼用驾驶人体力和发动机动力为转向能源的转向系统。在正常情况下，汽车转向所需的小部分能量由驾驶人提供，而大部分能量是由发动机通过动力转向装置提供的。但在动力转向装置失效时，一般还应当能由驾驶人独立承担汽车转向任务。因此，动力转向系统是在机械转向系统的基础上加设一套动力转向装置而形成的。

2. 汽车转向系统的发展历程

汽车转向系统的发展历程，如图2-1-2所示。

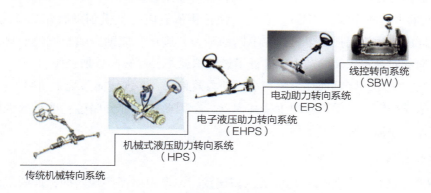

图2-1-2 汽车转向系统的发展历程

商用车以HPS为主流，乘用车以EPS为主流，线控转向是未来发展的方向。

3. 汽车转向系统的类型

（1）传统机械转向系统

传统机械转向系统（图2-1-3）的特点是完全由纯机械部件组成，无液压助力，转向沉重。

（2）汽车助力转向系统

汽车助力转向可协助驾驶人做汽车行驶方向调整，减轻驾驶人的工作强度。当然，转向助力也会提高汽车行驶的安全性、经济性。汽车上配置的助力转向系统大致可以分为三类：机械式液压助力转向系统（HPS）、电子液压助力转向系统（EHPS）以及电动助力转向系统（EPS）。

1）机械式液压助力转向系统（HPS）。它是采用液压伺服控制方式构成的液压控制系统，主要由V带、压力流量控制阀体、油管、动力缸、转向助力泵、转向柱、转向传动轴、储油罐等部件构成。

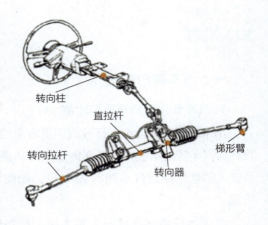

图2-1-3 传统机械转向系统

①优点：采用机械部件连接，操控精准，路感直接，信息反馈丰富；油泵由发动机驱动，转向动力充沛，技术成熟，可靠性高，平均制造成本低。

②缺点：低速大转向转弯时比较沉；依靠发动机动力来驱动油泵，能耗比较高；液压系统的管路结构非常复杂，油路经常保持高压状态，使用寿命受到影响。

2）电子液压助力转向系统（EHPS）。它主要由储油罐、控制单元、电动泵、转向机构、助力转向传感器等构成。

①优点：采用电动液压泵，低速输出大转矩，高速输出小转矩。

②缺点：结构复杂、不便于安装维修及检测、造价较高，无法克服液压系统的缺点，如渗油问题、低温工作性能。

3）电动助力转向系统（EPS）。它是一种直接依靠电机提供辅助转矩的动力转向系统，可以根据不同的使用工况控制电机提供不同的动力，实现转向助力随车速的变化而变化，且仅在需要转向的时候提供转向动力，降低了燃油消耗率，且转向更加轻便。

优点：结构简单，降低油耗，噪声小，助力效果好，实现转向系统主动回正，环保性好。

缺点：依靠控制单元模拟转向手感和力度，会因此损失部分路感；电子部件较多，系统稳定性、可靠性总体不如机械部件。

（3）线控转向系统（SBW）

SBW取消了转向盘与转向轮之间的机械连接，完全由电能实现转向，摆脱了传统转向系统的各种限制，不但可以自由设计汽车转向的力传递特性、角传递特性，通过控制算法实现智能化车辆转向，而且比传统转向系统更加节省安装空间，重量更轻。

二、线控转向系统的概念和功能

1. 线控转向的概念

线控转向（Steering-By-Wire）就是把依靠转向管柱连接转向机构实现转向的传统方式，

改变为由电控系统直接进行转向控制,完全由电信号实现转向的信息传递和控制,如图2-1-4所示。线控转向最显著的特征是去掉了传统转向系统中从转向盘到转向轮(转向执行器)间的机械连接,采用机电执行器(由路感反馈总成、转向执行总成、控制器以及相关传感器组成)代替了传统的机械控制机构。驾驶人对转向盘的操作仅是驱动一个转角传感器,它将获得的转向盘旋转角度数据转换为电信号,而车速传感器监测车速、加速度等汽车行驶工况信息,这两个传感器监测驾驶人的转向意图和车辆的行驶状况,通过数据线将信号传递给控制器(ECU),ECU获取驾驶人意图后将其折算为具体的驱动力数据,并控制伺服电机,用电机推动转向机转动车轮,从而实现转向。转向盘电机提供转动阻尼和回馈进行路面信息反馈。

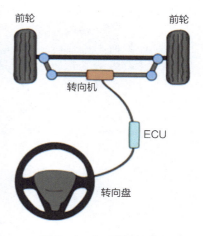

图2-1-4 线控转向

2. 线控转向系统的功能

(1) 人工驾驶模式

人工驾驶模式线控转向系统按照驾驶人的意愿控制汽车的行驶方向,如图2-1-5所示。

(2) 自动驾驶模式

自动驾驶模式线控转向系统按照预设的轨迹自动控制汽车的行驶方向。如图2-1-6所示,例如,目前常见的自动避障、自动泊车、车道保持等状态下的方向控制功能。

图2-1-5 人工驾驶模式　　　图2-1-6 自动驾驶模式

三、线控转向系统的类型及结构原理

1. 线控转向系统的类型

常见的线控转向系统主要分为电动助力转向系统(EPS)和线控转向系统(SBW)两种类型,如图2-1-7所示。

2. 电动助力转向系统 (EPS)

(1) EPS结构原理

EPS主要由转矩转角传感器、车速传感器、电机、减速机构和电子控制单元(ECU)等组成(如图2-1-8所示)。

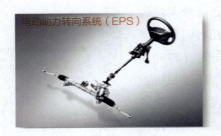

图2-1-7 线控转向系统的类型

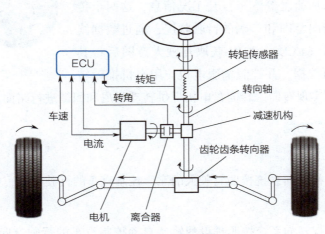

图2-1-8 EPS结构原理

由转矩转角传感器检测从转向盘传来的转矩，转向ECU通过对转矩信号、车速信号等的处理，输出对应的电流给电机，电机输出的转矩通过蜗轮蜗杆减速机构放大后传递到管柱上，管柱再通过齿轮齿条副的传动，将转矩转换为齿条的轴向力，从而使齿条轴向运动，达到转向助力的目的。

（2）EPS的种类

1）转向柱助力式。助力电机安装于转向管柱上，电机助力转矩作用于转向管柱上，如图2-1-9所示，适用于中小型乘用车。

优点：结构紧凑，布置在驾驶舱内，工作环境较好，不占用发动机舱的空间，成本较低。

缺点：可提供的助力大小受到限制，驾驶舱内易产生噪声，不利于转向轴的吸能结构设计。

2）齿轮助力式。助力电机和减速机构布置在转向齿轮上，驱动电机的输出力矩通过减速机构传递到转向齿轮上，如图2-1-10所示，适用于需求较大助力的中型乘用车。

优点：可以提供较大的转向助力，助力效果较为迅速准确，有利于降低驾驶舱噪声水平。

缺点：电机和传感器等部件安装在发动机舱，部件的耐热与防水等环境要求高，成本较高。

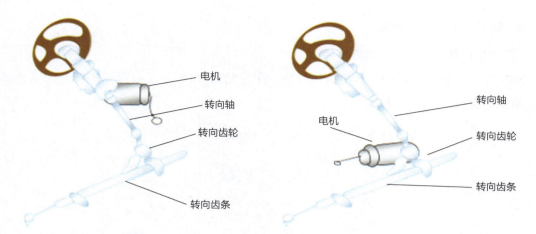

图2-1-9 转向柱助力式　　　　图2-1-10 齿轮助力式

3）齿条助力式。助力电机和减速机构布置在转向齿条上，电机助力转矩作用于转向齿条上，如图2-1-11所示，适用于需求较大助力的大中型乘用车。

优点：可以提供更大的转向助力，助力效果较为迅速准确，有利于降低驾驶舱噪声水平。

缺点：电机和传感器等部件安装在发动机舱，部件的耐热与防水等环境要求高，成本较高。

（3）EPS优缺点

1）优点。

①转换效率高。转换效率高达90%，而液压的转换效率只有60%。

②转向回正性好。EPS结构简单，内部阻力小，回

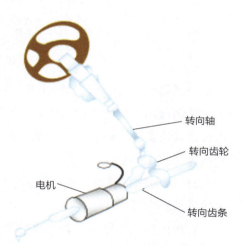

图2-1-11 齿条助力式

正性好，在转向时可以得到最佳的转向回正特性，改善汽车的操纵稳定性。

③能耗少。对于液压转向系统而言，发动机运转时，液压助力泵就始终工作，增加发动机负荷，使汽车油耗增加4%左右，而EPS只有在要转向时，转向电机才工作，从而减少发动机负荷，节约燃油。

④增加汽车行驶安全性。汽车在行驶中，EPS会依据汽车的速度来增加或减轻助力的程度，如在低速运转和原地转向时，增加助力程度，利于转向，在汽车高速行驶时，就会减少助力，防止转向过度造成交通事故。

⑤保护环境。EPS没有液压油和油管，不存在漏油现象，另外没有液压助力泵运转的声音，减少噪声污染，利于环保。

2）缺点。需要长期保留机械装置，以保证冗余度，否则电子设备失效容易造成不良后果。

3. 线控转向系统（SBW）

（1）SBW 的结构

SBW 主要由转向盘模块、转向执行模块、主控制器（ECU）、电源系统和自动防故障系统等组成，如图 2-1-12 所示。

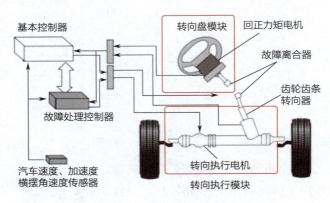

图 2-1-12　SBW 的结构

1）转向盘模块。包括转向盘、转向盘转角传感器、转向盘转矩传感器、路感电机等。

转向盘用于接收驾驶人的转向操纵；转向盘转矩传感器和转角传感器分别用于采集驾驶人通过转向盘输入的转矩、转角和转速；路感电机及其减速器为驾驶人提供路感信息，输出转向盘的回正力矩。

2）转向执行模块。包括直线位移传感器、转角传感器、转向执行电机、电机控制器、齿轮齿条转向器等。

直线位移传感器采集转向执行器直线位移信号，将其转换为前轮转角信号；转角传感器采集转向车轮的转角信息；转向电机及其减速机构用于克服转向阻力，带动转向系统转过相应的角度；齿轮齿条转向器接受并放大转向执行电机输出转矩，驱动转向车轮转向。

3）主控制器（ECU）。主控制器对采集的信号进行分析处理，判别汽车的运动状态，向转向盘回正力矩电机和转向电机发送指令，控制两个电机的工作，保证各种工况下都具有理想的车辆响应，以减少驾驶人对汽车转向特性随车速变化的补偿任务，减轻驾驶人负担。同时控制器还可以对驾驶人的操作指令进行识别，判定在当前状态下驾驶人的转向操作是否合理。当汽车处于非稳定状态或驾驶人发出错误指令时，线控转向系统会将驾驶人错误的转向操作屏蔽，自动进行稳定控制，使汽车尽快地恢复到稳定状态。

4）电源系统。承担着控制器、两个电机以及其他车用电器的供电任务。线控转向系统与整车其他电气设备共用一个蓄电池电源，目前整车电源主流为 12V 电源，48V 电源是未来发展趋势。

5）自动防故障系统。自动防故障系统是线控转向系统的重要模块，它包括一系列的监控和实施算法，针对不同的故障形式和故障等级做出相应的处理，以求最大限度地保持汽车的正常行驶。作为应用最广泛的交通工具之一，汽车的安全性是必须首先考虑的因素，是一切研究的基础，因而故障的自动检测和自动处理是线控转向系统最重要的组成系统之一。自动防故障系统采用严密的故障检测和处理逻辑，以提高汽车安全性能。

（2）SBW的工作原理

1）人工驾驶模式。汽车转向系统的工作原理是：当汽车转向时，转矩传感器会感觉到转向盘的转矩和要转向的方向，这些信号将通过数据总线发送到电子控制单元。电子控制单元根据转矩、转向的方向等数据信号向转向电机控制器发送动作命令，转向电机根据具体需要输出相应的旋转转矩，如图2-1-13所示。在人工驾驶模式下，需要有路感反馈。

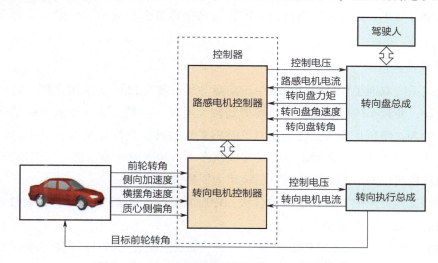

图2-1-13　SBW的工作原理-人工驾驶模式

2）自动驾驶模式。自动驾驶模式与人工驾驶模式不同的地方在于：自动驾驶模式下由计算平台向VCU发送转向意图的驾驶操作代替了人工驾驶模式时驾驶人转动转向盘的驾驶操作，且无须路感反馈。

4. 线控转向系统的关键技术

作为一种先进的汽车转向系统形式，线控转向系统融合运用了控制理论、电子技术等多领域知识，由于其不受机械连接的限制，可以实现主动转向控制和补偿，有利于改善汽车转向的操纵稳定性。线控转向系统关键技术主要包括：

（1）传感器技术

现代汽车技术的发展特征之一就是越来越多的部件采用电子控制，汽车电子控制系统控制效果依赖于传感器的信息反馈精度，传感器科技含量直接影响整个汽车电子控制系统的性能。汽车线控转向系统需要的相关传感器有转角传感器、转矩传感器、车速传感器、侧向加速度传感器、横摆角速度传感器等。

（2）主动转向技术

主动转向技术是线控转向中最基本的技术，即控制器通过传感器信号判断车辆行驶状态及驾驶人转向意图,并通过数据线路控制电机产生转向力矩,驱动转向轮以实现转向。

(3) 容错控制技术

容错控制技术就是在设备发生故障之前或故障之后,根据检测的故障信息,针对不同的故障源和故障特征,采取相应的容错控制措施,保证设备正常运转;或以性能损失为代价,保证设备在规定时间内完成其基本功能。

电机和控制器的容错十分重要。实时监测技术、设置冗余硬件和软件的容错算法技术是保证控制器稳定运行的三种手段,故而可以实现容错控制,线控转向运行的品质得到了保证。

硬件冗余方法主要是通过对重要部件及易发生故障部件提供备份,以提高系统的容错性能;软件冗余方法主要是依靠控制器的容错算法来提高整个系统的冗余度,从而改善系统的容错性能。

(4) 路感模拟技术

线控转向系统取消了传统转向系统中转向盘与转向车轮之间的机械连接,转向角传动比可以自由设计,使汽车的操纵性和舒适性得到较大提高。但是,这也导致了路感信息无法直接传递给驾驶人。路感是驾驶人转动转向盘时感受到的转向盘反作用力,这个力包含了整车及轮胎的运动、受力状况,良好的路感是驾驶汽车不可缺少的反馈信息。在线控转向系统中,路感由转向盘模块中的路感模拟执行电机输出力矩模拟生成。

获取路感反馈力矩的方法有参数拟合法、传感器测量法和基于动力学模型的方法,其中第三种是目前研究的主要方法。

1) 参数拟合法。将汽车状态和参数信息进行数据拟合,得到可以描述路感的非线性函数,并根据不同驾驶人对路感的需求修改拟合系数,将反馈力矩设计成与其相关因素的函数形式。

2) 传感器测量法。利用转矩传感器直接测量齿条力矩,作为估算反馈力矩的参考,由于齿条力矩包含轮胎力和回正力矩等信息,故测量数据需经滤波才能作为反馈力矩。

3) 基于动力学模型的方法。依据车辆动态响应、驾驶人转向盘输入等状态,利用车辆动力学模型估算轮胎回正力矩和需要补偿的反馈力矩,进而计算期望的反馈力矩指令。

(5) 总线技术

随着汽车总线技术的发展,存在多种汽车总线标准,未来将会使用到具有高速实时传输特性的一些总线标准和协议。基于总线技术的线控转向系统,将传统的机械转向系统变成通过高速容错通信总线相连的电气系统,实现系统的自动化、智能化、网络化与信息化。

(6) 车载电源技术

车载电源承担着线控转向系统中电子控制单元、多个电机的供电(包括冗余转矩反馈电机和冗余转向电机),电源负荷相当重,因此要保证整个系统的稳定工作,车载电源的性能至关重要。随着电子元件及高功耗零部件的不断增加,使得汽车电气负荷成倍增加。若继续维持12V供电系统,就必须通过提高电流来获得更多的功率,但是过高的电流将给整个系统带来安全隐患,汽车电路上的热能消耗大大增加,所以汽车供电系统必须提高电压以满足现代汽车电气系统负荷日益增长的需要。于是,48V 供电系统应运而生。48V 电源的采用也为发展线控转向系统创造了条件:电机的质量减轻了 20%;减小了线束直径,降低了设计与使用成本,方便安装;降低了负载电流;提高了电子元件的集成度等。这些优点对线控转向系统开发具有决定性的影响,必将大大推动线控转向系统的电机及相关部件的发展。

5. 线控转向系统的特点分析

(1) 优点

1) 提高安全性。可以实现主动转向,并且可以通过反馈进行侧翻控制、最优侧向力控制等。

2) 易于布置。取消了中间轴,不必再考虑左右舵的区别,也不用考虑传动力矩波动问题,给设计和布置带来方便。

3) 改善路感。线控转向的路感由路感电机提供,可根据车速和驾驶人的具体情况,提供可变的路感反馈。

4) 增强舒适性。取消了转向管柱与转向器之间的传动机构,增大了驾驶人腿部空间。

5) 个性化设置。助力特性、传动比、路感反馈都是可调的,可以满足不同用户群体的个性化需求。

6) 操纵稳定性能好。有效地实现了转向系统和转向盘两者之间的同步,从而使得驾驶人对于汽车的控制更加灵敏。

(2) 缺点

1) 线控转向系统的可靠性有待提高。

2) 冗余设备导致额外增加了成本和重量。

3) 硬件上需要较高功率的路感电机和转向电机。

4) 软件上需要复杂的力反馈电机和转向执行电机的算法实现。

6. 线控转向系统的市场现状

线控转向系统目前仅在英菲尼迪 Q50(图 2-1-14)、丰田 bZ4X、特斯拉 Cybertruck 等极少数量产车型搭载,博世等零部件企业正在积极研发和推出样机。未来随着 L5 级别自动驾驶时代的到来,会进入线控转向时代。

国内外主要 EPS 供应商有日本精工、一汽光洋和豫北转向等。如图 2-1-15 所示。

图 2-1-14 英菲尼迪 Q50

品牌	供应商
外资品牌	KYB、博世、舍弗勒、捷太格特（JTEKT）、采埃孚、日本精工、万都、昭和、蒂森克虏伯、现代摩比斯等
合资品牌	格乐顿、一汽光洋等
自主品牌	拓普集团、德科智控、长城精工、上海拿森、联创电子、苏州北斗星、中汽系统、豫北转向、易力达机电、湖北三环、浙江世宝等

图2-1-15 国内外主要EPS供应商

7. 线控转向系统的发展趋势

（1）L3/L4级别自动驾驶线控转向方案

L3/L4级别自动驾驶硬件采用六相电机、独立双两路转矩传感器和芯片、电路板双冗余的ECU等，如图2-1-16所示，总线采用CAN FD，控制算法用PID算法。

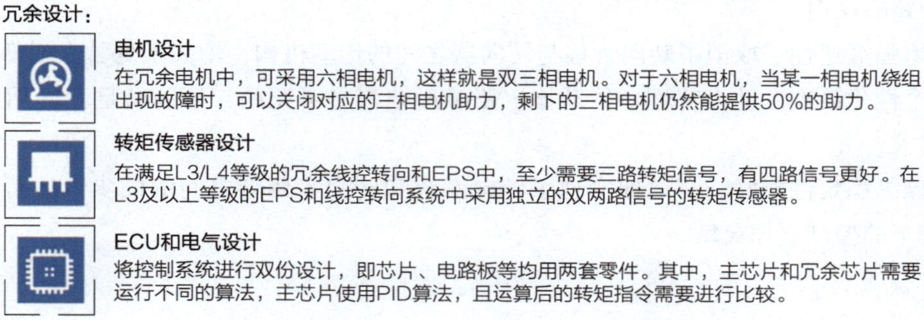

冗余设计：

电机设计
在冗余电机中，可采用六相电机，这样就是双三相电机。对于六相电机，当某一相电机绕组出现故障时，可以关闭对应的三相电机助力，剩下的三相电机仍然能提供50%的助力。

转矩传感器设计
在满足L3/L4等级的冗余线控转向和EPS中，至少需要三路转矩信号，有四路信号更好。在L3及以上等级的EPS和线控转向系统中采用独立的双两路信号的转矩传感器。

ECU和电气设计
将控制系统进行双份设计，即芯片、电路板等均用两套零件。其中，主芯片和冗余芯片需要运行不同的算法，主芯片使用PID算法，且运算后的转矩指令需要进行比较。

图2-1-16 L3/L4级线控转向冗余设计

（2）L5级别自动驾驶线控转向方案

1）结构变化。会取消转向电机、路感电机和转向盘等，使用轮毂电机实现其功能。

2）冗余设计。对ECU同样进行冗余设计，将控制系统进行双份设计，即芯片、电路板等均用两套零件。

3）ECU控制算法。除了PID算法外还可能会使用模糊算法、神经网络等。

4）总线技术。会使用车载以太网。

四、线控转向系统的标定

1. EPS中位标定

当转向器、EPS控制单元、转向助力电机等部件拆装过之后，需要对EPS系统进行中位标定，以保证车辆行驶的直线稳定性，不发生跑偏、转向助力不均衡等现象。

2. 转向角度标定

目前，大多数线控转向系统都是在传统EPS系统的基础上进行改进的。装配完成后，需要对转向系统进行标定，以确保转向的准确性。标定的目的是在一定速度下对助力控制、回正系数、阻尼控制、摩擦补偿、惯性控制等参数进行调整，最终达到所要求的性能。

助力控制：EPS 系统需要根据车速、转向盘转矩给定合适的助力力矩。

阻尼控制：为了避免高速转向时回正超调，需要进行阻尼控制。

摩擦补偿：加装 EPS 会增加车辆在回正时的摩擦阻力，需要增加摩擦补偿控制。

惯性控制：为了减小转向电机惯性影响，加快助力响应，需要进行惯性控制。

3. EPS 中位标定方法

1）整车保持直线行驶，速度要高于 45km/h，双手轻扶转向盘 4s 后，组合仪表"EPS"指示灯停止闪烁，则中位标定成功。

2）中位标定完成后需进行中位确认，车辆继续保持直线行驶，若车辆不跑偏，左右转向回正残余角在 ±4°，则中位标定有效。

3）组合仪表"EPS"指示灯熄灭后转向盘转向应明显变轻，回位正常，沉重感消失，无跑偏现象。

4）标定完成后，应依据 GB/T 38679—2020《车辆行驶跑偏试验方法》进行车辆直线行驶能力的检测。

①试验环境。侧向风小于 2m/s，测试道路长度大于 200m，纵向坡度小于 0.10%，横向坡度不超过 0.5%，道路宽度不小于 6.00m。

②试验方法。车辆行驶速度达到 60km/h，直线行驶距离达到 200m，测量车辆偏离中心距离，连续进行 3 次测量，如果 3 次测量误差在 0.1m 之内，测量结果有效。取三次测量结果的平均值作为最终结果，车辆偏离中心距离应小于 0.5m。

项目实施

一、线控转向系统的标定流程

线控转向系统的标定流程如图 2-1-17 所示。

图 2-1-17 线控转向系统的标定流程

任务 2.1：
线控转向系统的
标定与调试

二、作业前的准备

1. 物料准备 （图 2-1-18）

1）防护用品：安全帽、工作手套。

2）设备：智能网联汽车底盘线控实训系统。

3）辅助材料：清洁抹布。

智能网联汽车底盘　　安全帽　　　　工作手套　　　　清洁抹布
线控实训系统

图2-1-18　物料准备

2. 安全防护

检查并穿戴工作手套和安全帽。

3. 设备检查

检查智能网联汽车底盘线控实训系统万向轮是否已锁止，确保万向轮处于锁止状态。

三、线控转向系统的标定步骤

1. 打开底盘线控实训系统

1）连接电源线，按下电源开关按钮。

2）打开点火开关，检查换档旋钮的档位是否处于N档，如图2-1-19所示。

2. 线控转向系统的标定

1）打开调试软件，如图2-1-20所示。

图2-1-19　换档旋钮处于N档

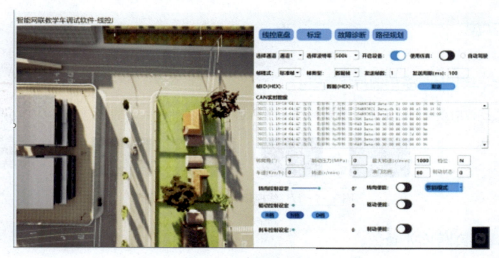

图2-1-20　调试软件界面

2）单击菜单栏的"线控底盘"进入线控底盘调试界面，选择CAN通道1，将波特率调整为500k，单击"开启设备"按钮，CAN数据会实时地刷新，如图2-1-21所示。

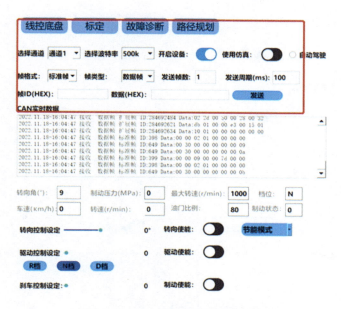

图 2-1-21 线控底盘调试界面

3）将转向盘调至居中状态，车轮保持直线行驶，转向角数值如图 2-1-22 所示。

图 2-1-22 转向角数值

4）单击左侧边栏的"标定"进入线控底盘标定界面，如图 2-1-23 所示。

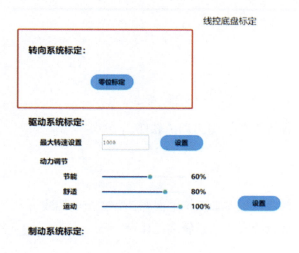

图 2-1-23 线控底盘标定界面

5）单击"零位标定"，标定成功，如图 2-1-24 所示。

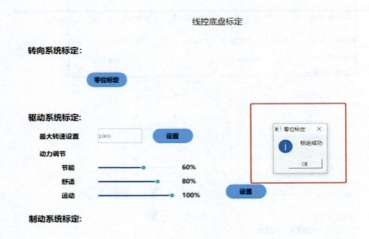

图 2-1-24　标定成功

6）单击左侧边栏的"线控底盘"返回线控底盘调试界面。可以看到 Byte1 为 00，Byte2 为 00（图 2-1-25），说明已经标定成功。

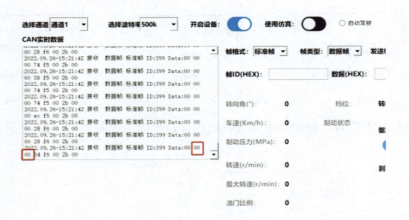

图 2-1-25　标定成功

7）关闭设备，把档位挂到 N 档，退出调试软件。

3. 整理与清洁

1）关闭点火开关。
2）关闭智能网联汽车底盘线控实训系统电源开关并拔出电源线。
3）清洁智能网联汽车底盘线控实训系统和工作台。
4）脱下安全防护用品。

任务小结

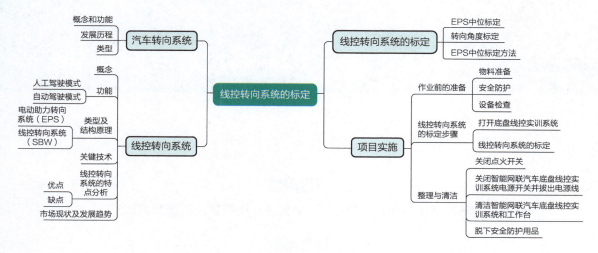

学习任务二
线控转向系统的数据分析与调试

引导问题

如何判断线控转向系统的功能是否正常？如何进行线控转向系统的调试？

任务场景

客户打电话反映说，他的车辆线控转向系统功能出现故障，导致车辆转向报文错误，如果需要你帮忙解决，你该如何处理？

任务分析

本任务主要学习线控转向系统的 CAN 报文协议、线控转向系统的 CAN 报文分析的步骤与方法、线控转向系统的通信原理、线控转向系统调试的步骤与方法。

能力目标

1. 能够将调试数据解析成 CAN 报文，完成线控转向系统的控制。
2. 运用 CAN 软件查看线控转向系统反馈报文。
3. 运用 CAN 软件将线控转向系统报文解析成真实的数据。
4. 能独立完成线控转向系统的调试。

知识目标

1. 叙述线控转向系统的 CAN 报文协议。
2. 说明线控转向系统的通信原理。
3. 描述线控转向系统数据分析的步骤与方法。
4. 描述线控转向系统调试的步骤与方法。

素养目标

1. 讲述被誉为"机车神医"的张如意的故事,调试是机车出厂前最后的体检,培养学生专注与磨砺的良好品质。
2. 树立学习底盘线控技术的工匠精神。

线控转向系统的 CAN 报文协议

1. CAN 报文格式

线控转向系统的 CAN 报文协议格式为 Intel 格式编码,帧格式为标准帧,VCU 转向电机控制报文的 ID 为 0x314;线控转向器 EPS 报文的 ID 为 0x18F。

2. VCU 向 EPS-ECU 发送 CAN 报文协议

VCU 向 EPS-ECU 发送 CAN 报文协议时报文的 ID 为 0x314,报文协议见表 2-2-1。

表 2-2-1 VCU 向 EPS-ECU 发送 CAN 报文协议

发送方	接收方	ID	周期/ms	数据			
				字节		定义	格式
VCU	EPS-ECU	0x314	20	Byte0	bit0	1-工作;0-停止	bit0 = 1,ECU 进入工作模式;bit0 = 0,ECU 进入停止模式
					bit1	预留	bit1 = 0(默认)
					bit2	1-设置当前位置为"中位";0-该命令失效	bit2 = 1,ECU 标定当前位置为角度中点,即 0°(bit2 生效的时候 bit0 = 0,即 Byte0 = 0x04)
					bit3	预留	bit3 = 0(默认)
					bit4 ~ bit7	预留	bit4 ~ bit7 = 0(默认)
				Byte1	低字节	目标角度值	正常发送角度旋转到当前数值对应的角度(-360° ~ +360°),逆时针旋转为正,顺时针旋转为负,0°为对应中点位置
				Byte2	高字节		
				Byte3 ~ Byte7		默认	无须发送

3. EPS-ECU 向 VCU 发送 CAN 报文协议

EPS-ECU 向 VCU 发送 CAN 报文协议时报文的 ID 为 0x18F,报文协议见表 2-2-2。

表 2-2-2 EPS-ECU 向 VCU 发送 CAN 报文协议

发送方	接收方	ID	周期/ms	数据		
				字节	定义	格式
EPS-ECU	VCU	0x18F	20	Byte0 bit0	1-工作；0-停止	bit0=1，ECU 当前为工作模式；bit0=0，ECU 当前为停止模式
				Byte0 bit1	故障检测状态	bit1=1，ECU 检测到故障；bit1=0，ECU 未检测到故障
				Byte0 bit2	报警监测状态	bit2=1，ECU 发出警告；bit2=0，ECU 未发出警告
				Byte0 bit3	ECU 温度状态	bit3=1，ECU 检测到 MOSFET 过温（≥90℃）；bit3=0，ECU 未检测到 MOSFET 过温
				Byte0 bit4~bit7	预留	—
				Byte1 低字节	目标角度值	角度旋转到当前数值对应的角度（-360°~+360°），0°为对应中点位置，偏移量为 0
				Byte2 高字节		
				Byte3 低字节	当前电机电流值	有效范围为-60~+60A，偏移量为 0，精度为 0.001A
				Byte4 高字节		
				Byte5	预留	0x00（默认）
				Byte6	ECU 温度	0~120℃，偏移量为 0，精度为 1℃
				Byte7	预留	0x00（默认）

项目实施

一、线控转向系统的数据分析与调试流程

线控转向系统的数据分析与调试流程如图 2-2-1 所示。

图 2-2-1 线控转向系统的数据分析与调试流程

任务 2.2：线控转向系统的数据解析

二、作业前的准备

1. 物料准备（图 2-2-2）

1）防护用品：安全帽、工作手套。

2）设备：智能网联汽车底盘线控实训系统。
3）辅助材料：清洁抹布。

智能网联汽车底盘　　安全帽　　　　工作手套　　　　清洁抹布
线控实训系统

图 2-2-2　物料准备

2. 安全防护

检查并穿戴工作手套和安全帽。

3. 设备检查

检查智能网联汽车底盘线控实训系统万向轮是否已锁止，确保万向轮处于锁止状态。

三、线控转向系统的数据分析与调试步骤

1. 打开底盘线控实训系统

1）连接电源线，按下电源开关按钮。
2）打开点火开关，检查换档旋钮的档位是否处于 N 档，如图 2-2-3 所示。

2. 线控转向系统的数据分析

假设现在需要通过 CANTest 软件来控制线控转向系统，并且在 CANTest 软件界面查看线控转向系统反馈回来的报文，并将报文解析成真实的数据。

1）打开 CANTest 软件。
2）波特率选择 500K，勾选 "选择所有 CAN"，然后单击 "确定并启动 CAN"，如图 2-2-4 所示。

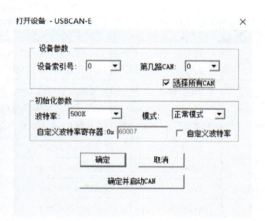

图 2-2-3　换档旋钮处于 N 档　　　　图 2-2-4　启动 CAN

3）解析 VCU 向 EPS-ECU 发送 CAN 报文协议。

①转向零位标定数据计算，见表 2-2-3。

表 2-2-3　VCU 向 EPS-ECU 发送 CAN 报文协议

字节	计算	数据
Byte0	Byte0 的 bit2 用来设置转向盘的中点，且当 bit2 = 1 时，ECU 标定当前位置为角度中点，而 bit2 = 1 在 bit0 = 0 时才生效，故 Byte0 = 0x04	0x04
Byte1	Byte1 和 Byte2 用来设置转向盘旋转的角度，与转向盘中点设置无关，默认为 0x0000 即可	0x0000
Byte2		
Byte3	Byte3 为预留字节，默认 Byte3 = 0x00	0x00
Byte4	Byte4 为预留字节，默认 Byte4 = 0x00	0x00
Byte5	Byte5 为预留字节，默认 Byte5 = 0x00	0x00
Byte6	Byte6 为预留字节，默认 Byte6 = 0x00	0x00
Byte7	Byte7 为预留字节，默认 Byte7 = 0x00	0x00

②根据表 2-2-3 的数据分析总结出来的结果：使用 CANTest 软件发送的报文为 04 00 00 00 00 00 00 00，ID 号为 00000314，帧类型选择"标准帧"，帧格式选择"数据帧"，发送次数和每次发送的帧数可随意选择，每次发送间隔为 20ms，设置完成后，单击"发送"按钮，如图 2-2-5 所示。

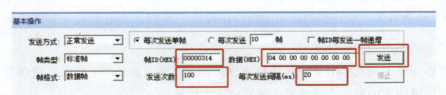

图 2-2-5　VCU 向 EPS-ECU 发送 CAN 报文 1

③转向盘顺时针旋转 90°数据计算，见表 2-2-4。

表 2-2-4　VCU 向 EPS-ECU 发送 CAN 报文计算

字节	计算	数据
Byte0	转向盘旋转需 EPS 处于工作状态，Byte0 的 bit0 用来设置 EPS 的工作与停止状态，且 bit0 = 1 时，EPS 为工作模式，故 Byte0 = 0x01	0x01
Byte1	Byte1 和 Byte2 用来设置转向盘旋转的角度，由于顺时针旋转为负，需先将数值 90 进行转换，即 65536 - 90 = 65446，数值 65446 换算成两字节 16 进制数，为 0xFFA6，由于 Byte1 为低字节，Byte2 为高字节，则 Byte1 = 0xA6，Byte2 = 0xFF，因此 Byte1 和 Byte2 = 0xA6FF	0xA6FF
Byte2		
Byte3	Byte3 为预留字节，默认 Byte3 = 0x00	0x00
Byte4	Byte4 为预留字节，默认 Byte4 = 0x00	0x00
Byte5	Byte5 为预留字节，默认 Byte5 = 0x00	0x00
Byte6	Byte6 为预留字节，默认 Byte6 = 0x00	0x00
Byte7	Byte7 为预留字节，默认 Byte7 = 0x00	0x00

④使用 CANTest 软件发送的报文为 01 A6 FF 00 00 00 00 00，如图 2-2-6 所示，ID 号为 00000314。

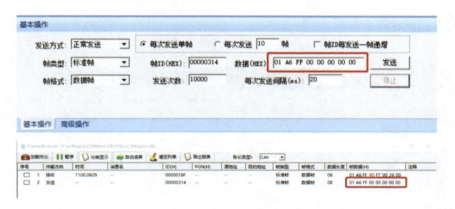

图 2-2-6　VCU 向 EPS-ECU 发送 CAN 报文 2

4）解析 EPS-ECU 向 VCU 发送 CAN 报文协议。

①单击"DBC"，查看 ID 为 0000018F 的 CAN 报文，如图 2-2-7 所示。

图 2-2-7　EPS-ECU 向 VCU 发送 CAN 报文

②EPS-ECU 向 VCU 发送 CAN 报文计算，见表 2-2-5。

表 2-2-5　EPS-ECU 向 VCU 发送 CAN 报文计算

字节	数据	解析
Byte0	0x01	Byte0 用于反馈 EPS-ECU 的状态，0x01 表示仅字节 Byte0 的 bit0 = 1，其余位都为 0，解析其所代表的含义：EPS-ECU 当前为工作模式，且其驱动部分正常、未检测到故障、未检测到 ECU 过温
Byte1	0x5A	Byte1～Byte2 用于反馈转向盘此时旋转的角度，0x5A00 进行高低字节变换后，得到 EPS 反馈角度的 16 进制值为 0x005A，换算成十进制值为 90，90 在转向盘最大的旋转角度数值 360 以内，可知转向盘为逆时针旋转，即当前转向盘逆时针旋转了 90°
Byte2	0x00	
Byte3	0xD4	当前电机电流值
Byte4	0xFE	
Byte5	0x00	预留字节
Byte6	0x25	ECU 当前温度值
Byte7	0x00	预留字节

5）完成数据分析后，关闭 CANTest 软件。

3. 线控转向系统的调试

1）打开调试软件，如图 2-2-8 所示。

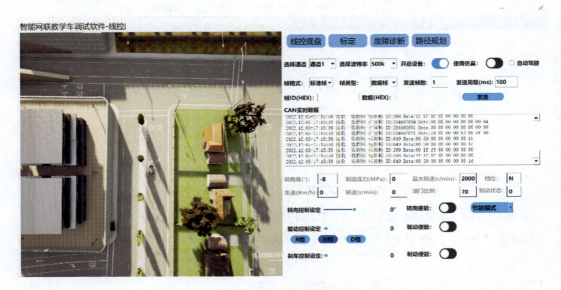

图 2-2-8　调试软件界面

2）单击菜单栏的"线控底盘"进入线控底盘调试界面，选择 CAN 通道 1，将波特率调整为 500k，单击"开启设备"按钮，左侧的 CAN 数据会实时地刷新，如图 2-2-9 所示。

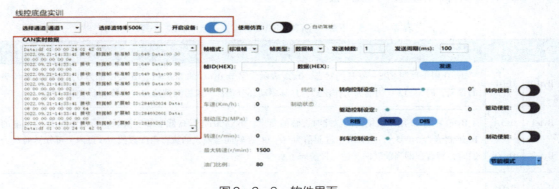

图 2-2-9　软件界面

3）逆时针转动转向盘，分析 CAN 实时数据是否与转向角度对应，如图 2-2-10 所示。

4）顺时针转动转向盘，分析 CAN 实时数据是否与转向角度对应，如图 2-2-11 所示。

5）退出调试软件。

项目二 线控转向系统

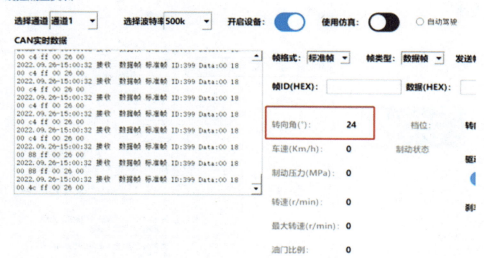

图 2-2-10 调试界面 1

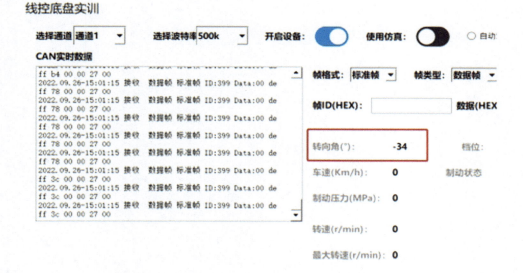

图 2-2-11 调试界面 2

4. 整理与清洁

1）关闭点火开关。

2）关闭智能网联汽车底盘线控实训系统电源开关并拔出电源线。

3）清洁智能网联汽车底盘线控实训系统和工作台。

4）脱下安全防护用品。

任务小结

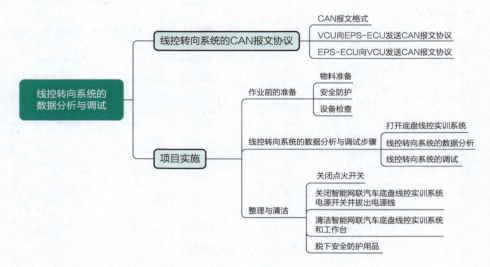

学习任务三
线控转向系统的故障诊断与排除

引导问题

线控转向系统由哪几部分组成？怎样识读自动驾驶模式转向系统控制电路？

任务场景

一位车主开着他的车来到你所在的汽车4S店，跟你抱怨车辆转向盘出现故障，转动转向盘没有转向助力，让你看看是什么故障，需要怎么处理？

任务分析

本任务主要学习用智能网联汽车底盘线控实训系统代替客户实车进行实训，你需要通过智能网联汽车底盘线控实训系统确认故障现象，并在智能网联汽车底盘线控实训系统台上结合电路图进行测量，确认故障点，分析具体故障原因并给出解决方案建议。

能力目标

1. 能利用实训设备独立完成线控转向系统的故障诊断与排除。
2. 能利用测量仪表进行电压测量及导通性测量。

知识目标

1. 识读线控转向系统电路原理图和测试孔。
2. 说出线控转向系统常见故障及故障原因。
3. 说出EPS控制器针脚定义。
4. 说出线控转向系统的故障诊断流程及排除办法。

素养目标

1. 激发学生民族自尊心、自信心和自豪感，坚定"四个自信"，提升学生的爱国情怀和学习动力，为底盘线控技术更好的发展贡献自己的力量。
2. 教会学生用正确的立场观点认识并分析现实问题，让学生更深刻地认识世界、理解中国。

知识准备

一、线控转向系统的组成

1. 人工驾驶模式下线控转向系统组成

人工驾驶模式下线控转向系统由转向盘总成（转角传感器、转矩传感器、路感电机）、EPS 控制器、转向执行总成（直线位移传感器、转角传感器、转向执行电机、电机控制器、齿轮齿条转向器）组成，如图 2-3-1 所示。

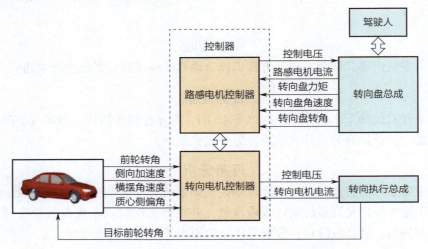

图 2-3-1　人工驾驶模式下线控转向系统组成

2. 自动驾驶模式下线控转向系统组成

自动驾驶模式下线控转向系统由计算平台、VCU、EPS 控制器、转向执行总成组成，如图 2-3-2 所示。

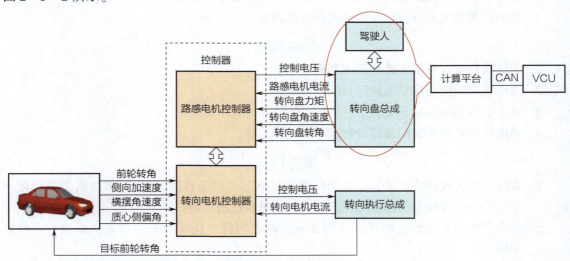

图 2-3-2　自动驾驶模式下线控转向系统组成

二、线控转向系统电路图分析

1. 底盘线控实训系统电路图

底盘线控实训系统由线控驱动、线控转向和线控制动组成，其电路图如图 2-3-3 所示。

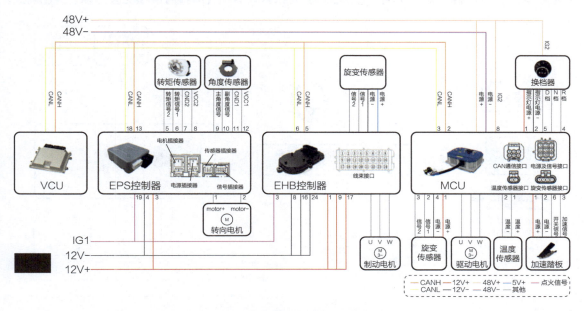

图 2-3-3　底盘线控实训系统电路图

2. EPS 线控转向系统电路图分析（人工驾驶模式）

人工驾驶模式 EPS 线控转向系统电路图如图 2-3-4 所示。在人工驾驶模式中，转向盘输入的信号通过 CAN 总线传输，人工驾驶模式下 VCU 的作用是监测车辆状态（车辆轮速、转向横摆速度等）。

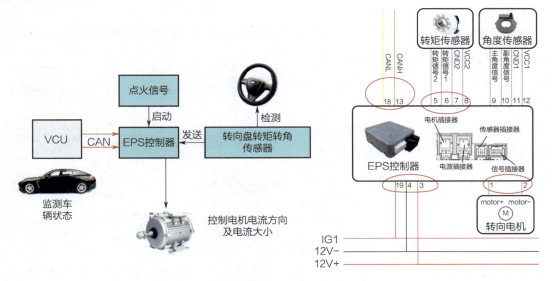

图 2-3-4　人工驾驶模式 EPS 线控转向系统电路图

3. EPS 线控转向系统电路图分析（自动驾驶模式）

自动驾驶模式 EPS 线控转向系统电路图如图 2-3-5 所示。在自动驾驶模式中，同样也是通过 CAN 总线传输信号，传输流程为环境感知传感器→计算平台→VCU→EPS 控制器。在自动驾驶模式下，VCU 除了监测车辆状态外，还会将来自计算平台的转向信号发送到 EPS 控制器。

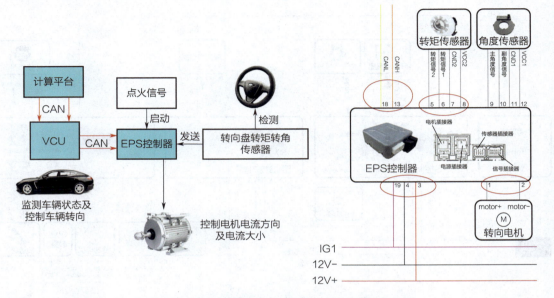

图 2-3-5　自动驾驶模式 EPS 线控转向系统电路图

三、线控转向系统常见故障及分析

1. 自动驾驶模式转向过度

故障现象：车辆在自动驾驶模式下转向时往一边打死，导致转向过度；但在人工驾驶模式下正常。

自动驾驶线控转向工作原理：自动驾驶下的转向系统由计算平台代替了驾驶人，计算平台通过 CAN 总线将转角信号发送到 VCU，再由 VCU 通过 CAN 总线将信号发送到转向控制单元，实现线控转向。

故障分析：由于车辆是自动驾驶模式下转向出现故障，在人工驾驶模式下正常（如果 VCU 出现故障，人工驾驶模式下也是不正常的），可以排除计算平台输出端到 EPS 控制器（也排除 EPS 控制器硬件故障）输入端故障，故障点应该在 EPS 控制器到转向角度传感器之间，如图 2-3-6 所示。

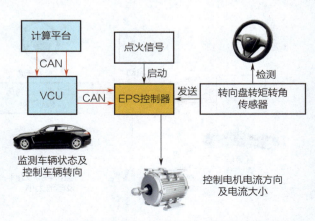

图 2-3-6　自动驾驶模式转向过度故障位置

1) EPS 控制器到转向角度传感器之间出现下列故障会引起自动驾驶模式下无法正常转向。

①转向角度传感器电源正极断路。

②转向角度传感器电源负极断路。

③转向角度传感器信号线断路。

④转向角度传感器信号线对负极短路。

⑤转向角度传感器内部故障。

2) 故障修复一般以更换线束、线束插头和维修线束插头、针脚为主，如果是传感器故障需要更换传感器。

EPS 控制器到转向角度传感器之间故障诊断流程：

①使用汽车故障诊断仪，读取转向系统的故障码，根据故障诊断仪的提示寻找故障。

②根据故障诊断仪的测量结果，使用对应车型维修手册电路图查找故障点，然后进行维修或更换新零件。

③修复故障后，自动驾驶模式下转向正常，仪表盘故障灯熄灭。如果问题得到解决，可以使用诊断仪来清除故障码。如果故障仍然存在，则需进一步分析原因并重复执行以上步骤，直到问题被解决。

2. 转向助力失效

故障现象：车辆在人工驾驶模式下转向无助力，导致转向不足，但在自动驾驶模式下正常。

故障分析：车辆在人工驾驶模式下转向无助力，导致转向不足，但在自动驾驶模式下正常，可以排除 EPS 控制器输出端到转向助力电机故障，故障点应该在转向盘转矩传感器与 EPS 控制器之间，如图 2-3-7 所示。

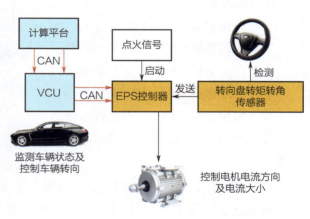

图 2-3-7 转向助力失效故障位置

1) 转向盘转矩传感器与 EPS 控制器之间出现下列故障会引起人工驾驶模式转向助力失效。

①转矩传感器电源正极断路。

②转矩传感器电源负极断路。

③转矩传感器信号线断路。

④转矩传感器信号线对负极短路。

⑤转矩传感器内部故障。

2) 故障修复一般以更换线束、线束插头和维修线束插头、针脚为主，如果是传感器故障障需要更换传感器。

转向盘转矩传感器与 EPS 控制器之间故障诊断流程：

①使用汽车故障诊断仪，读取转向系统的故障码，根据故障诊断仪的提示寻找故障。

②根据故障诊断仪的测量结果，使用对应车型维修手册电路图查找故障点，然后进行维修或更换新零件。

③修复故障后，转动转向盘应该有转向助力，仪表盘故障灯熄灭。如果问题得到解决，可以使用诊断仪来清除故障码。如果故障仍然存在，则需进一步分析原因并重复执行以上步骤，直到问题被解决。

3. 自动驾驶模式无法转向

故障现象：车辆在自动驾驶模式下无法转向，但在人工驾驶模式下正常。

故障分析：车辆在自动驾驶模式下无法转向，但在人工驾驶模式下正常，可以排除转向盘输出端到 EPS 控制器输入端故障，如果 VCU 故障，人工驾驶模式下也是无法转向的，因此故障点应该在 VCU 输出端与 EPS 控制器输入端之间，如图 2-3-8 所示。

1）VCU 输出端与 EPS 控制器输入端之间出现下列故障会引起自动驾驶模式无法转向：

①转向控制器 CAN-H 断路。
②转向控制器 CAN-L 断路。
③转向控制器 CAN-H 对负极短路。
④转向控制器 CAN-L 对负极短路。
⑤转向控制器 CAN-H 对正极短路。
⑥转向控制器 CAN-L 对正极短路。
⑦转向控制器 CAN-H 和 CAN-L 短路。

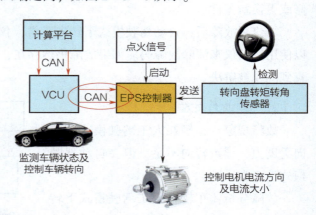

图 2-3-8　自动驾驶无法转向故障位置

2）故障修复一般以更换线束、线束插头和维修线束插头、针脚为主。

VCU 输出端与 EPS 控制器输入端之间故障诊断流程：

①使用汽车故障诊断仪，读取转向系统的故障码，根据故障诊断仪的提示寻找故障。

②根据故障诊断仪的测量结果，使用对应车型维修手册电路图查找故障点，然后进行维修或更换新零件。

③修复故障后，自动驾驶模式转向正常，仪表盘故障灯熄灭。如果问题得到解决，可以使用诊断工具来清除故障码。如果故障仍然存在，则需进一步分析原因并重复执行以上步骤，直到问题被解决。

4. 自动驾驶模式无法转向，人工驾驶模式无转向助力

故障现象：车辆在自动驾驶模式下无法转向，在人工驾驶模式下转向无助力，导致转向不足。

故障分析：车辆在自动驾驶模式下无法转向，在人工驾驶模式下转向无助力，导致转向

不足，可以排除转向盘输出端到 EPS 控制器输入端故障，如果 VCU 故障，车辆则无法启动，因此故障点应该在 EPS 控制器，如图 2-3-9 所示。

1）EPS 控制器出现下列故障会引起自动驾驶模式无法转向，人工驾驶模式无转向助力：

①转向控制器电源正极断路。

②转向控制器电源负极断路。

③转向控制器点火信号线断路。

④转向控制器内部故障。

图 2-3-9 自动驾驶模式无法转向，人工驾驶模式无转向助力故障位置

2）故障修复一般以更换线束、线束插头和维修线束插头、针脚为主，如果是硬件故障需要更换 EPS 控制器。

EPS 控制器故障诊断流程：

①使用汽车故障诊断仪，读取转向系统的故障码，根据故障诊断仪的提示寻找故障。

②根据故障诊断仪的测量结果，使用对应车型维修手册电路图查找故障点，然后进行维修或更换新零件。

③修复故障后，自动驾驶模式转向正常，转动转向盘应该有转向助力，仪表盘故障灯熄灭。如果问题得到解决，可以使用诊断工具来清除故障码。如果故障仍然存在，则需进一步分析原因并重复执行以上步骤，直到问题被解决。

四、EPS 控制器针脚定义

1. 转向电机针脚

转向电机针脚如图 2-3-10 所示，针脚定义见表 2-3-1。

工匠精神：愿做一颗永远发光的螺丝钉（张雪松）

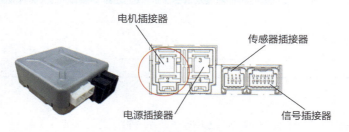

图 2-3-10 转向电机针脚位置

表 2-3-1 转向电机针脚定义

名称	针脚编号	针脚定义
电机插接器	1	12V+
	2	接地

2. EPS 控制单元电源针脚

EPS 控制单元电源针脚如图 2-3-11 所示，针脚定义见表 2-3-2。

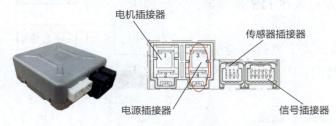

图 2-3-11　EPS 控制单元电源针脚位置

表 2-3-2　EPS 控制单元电源针脚定义

名称	针脚编号	针脚定义
电源插接器	3	12V+
	4	接地

3. 转矩传感器针脚

转矩传感器针脚如图 2-3-12 所示，针脚定义见表 2-3-3。

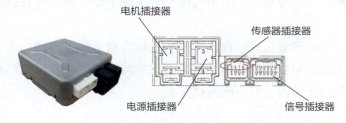

图 2-3-12　转矩传感器针脚位置

表 2-3-3　转矩传感器针脚定义

名称	针脚编号	针脚定义
传感器插接器	5	转矩传感器转矩信号1
	6	转矩传感器转矩信号2
	7	转矩传感器接地
	8	转矩传感器5V+

4. 转向盘角度传感器针脚

转向盘角度传感器针脚如图 2-3-13 所示，针脚定义见表 2-3-4。

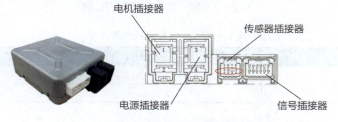

图 2-3-13　转向盘角度传感器针脚位置

表 2-3-4　转向盘角度传感器针脚定义

名称	针脚编号	针脚定义
传感器插接器	9	转向盘角度传感器主角度信号
	10	转向盘角度传感器副角度信号
	11	转向盘角度传感器接地
	12	转向盘角度传感器 5V+

5. EPS 控制器信号针脚

EPS 控制器信号针脚如图 2-3-14 所示，针脚定义见表 2-3-5。

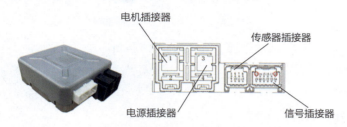

图 2-3-14　EPS 控制器信号针脚位置

表 2-3-5　EPS 控制器信号针脚定义

名称	针脚编号	针脚定义
信号插接器	13	EPS 控制器 CAN-H
	18	EPS 控制器 CAN-L

项目实施

一、线控转向系统故障诊断与排除流程

线控转向系统的故障诊断与排除流程如图 2-3-15 所示。

任务 2.3：线控转向系统的故障诊断与排除

图 2-3-15　线控转向系统的故障诊断与排除流程

二、作业前的准备

1. 物料准备（图 2-3-16）

1）防护用品：安全帽、工作手套。

2）设备：智能网联汽车底盘线控实训系统、万用表。

3）辅助材料：清洁抹布。

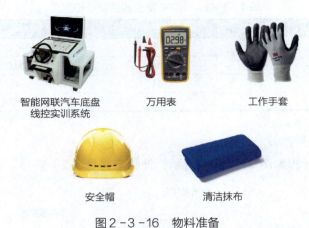

图 2-3-16 物料准备

2. 安全防护

检查并穿戴工作手套和安全帽。

3. 设备检查

1）检查智能网联汽车底盘线控实训系统万向轮是否已锁止，确保万向轮处于锁止状态。

2）检查万用表。

①打开数字万用表，检查电量是否足够。

②将档位调至蜂鸣档，短接红黑表笔，检查数字万用表是否正常，如图 2-3-17 所示。

图 2-3-17 短接红黑表笔

三、线控转向系统的故障诊断与排除步骤

1. 打开底盘线控实训系统

1）连接电源线，按下电源开关按钮。

2）打开点火开关，检查换档旋钮的档位是否处于 N 档，如图 2-3-18 所示。

2. EPS 控制器故障诊断与排除

（1）故障现象确认

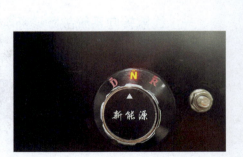

图 2-3-18 换档旋钮处于 N 档

1）单击软件上"标定"选项，然后将转向盘转到零位，进行"零位"标定，再设置速度，操作如图 2-3-19 所示。

2）单击软件上"线控底盘"选项，选择正确的波特率 500k，然后选择开启设备、使用仿真、自动驾驶，操作如图 2-3-20 所示。

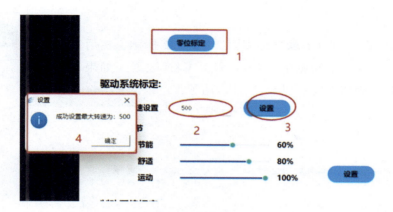

图2-3-19 底盘标定

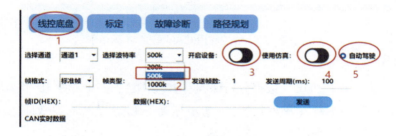

图2-3-20 启动自动驾驶

3)自动驾驶模式下,车辆不能正常转向(直接冲出马路,跨越实线),人工驾驶模式下转向正常,如图2-3-21所示。

图2-3-21 确认故障现象

(2) 读取 CAN 报文

1) 打开 USB_CAN TOOL 软件,如图 2-3-22 所示,然后单击"设备操作"→"启动设备",默认打开 CAN 数据(如果打不开,有可能是被线控底盘上位机软件占用了,可以停止上位机软件的设备)。

图 2-3-22 USB_CAN TOOL 软件

2) 读取底盘 CAN 报文,报文出现异常,如图 2-3-23 所示。

图 2-3-23 线控底盘 CAN 报文(异常)

(3) 分析 CAN 报文

1) 根据报文 ID,查找协议(数据分析课程有 ID 说明),三个异常 ID 都属于转向系统。

2) 异常数据一直不更新(灰色状态),初步怀疑是 CAN 总线断路故障,正常报文的数据一直更新(黑色状态),如图 2-3-24 所示。

图 2-3-24 线控底盘 CAN 报文(异常)

(4) 故障诊断

1) 打开数字万用表并校准。

2) 使用蜂鸣档测量 EPS 控制器 CAN-H 线通断情况,万用表显示为断路,如图 2-3-25 所示。

3) 测量 CAN-L 线通断情况,正常,如图 2-3-26 所示。

4) 可以判断为 EPS 控制器 CAN-H 线存在断路,导致线控转向系统故障,报文异常。

(5) 故障排除与确认

1) 修复故障,再次测量 CAN-H 线通断,显示为接通状态,如图 2-3-27 所示。

图 2-3-25 CAN-H 断路

图2-3-26 CAN-L线正常

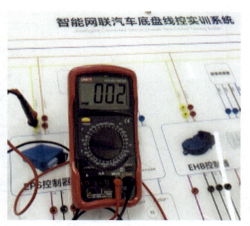
图2-3-27 CAN-H线正常

2)再次读取底盘 CAN 报文,报文正常,仿真场景中自动驾驶模式转向正常,说明故障已排除。

3. 角度传感器故障诊断与排除

(1)确认故障现象

车辆在自动驾驶模式下转向时往一边打死,导致转向过度撞上路肩,但在人工驾驶模式下正常,如图2-3-28所示。

图2-3-28 角度传感器故障现象

(2)故障诊断

1)使用仿真设备上的万用表测量角度传感器供电,为0V,不正常,如图2-3-29所示。

2)测量角度传感器主转角信号与负极电阻,为∞,显示为断路,不正常,如图2-3-30所示。

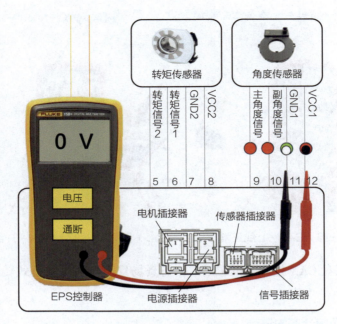

图 2-3-29 角度传感器供电异常

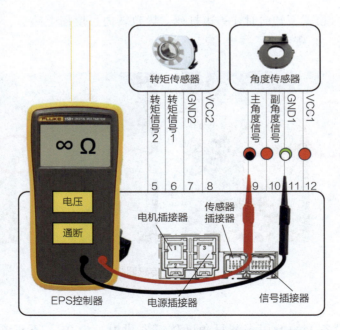

图 2-3-30 角度传感器主转角信号与负极之间断路

3）测量角度传感器副转角信号与负极电阻，为∞，显示为断路，不正常，如图 2-3-31 所示。

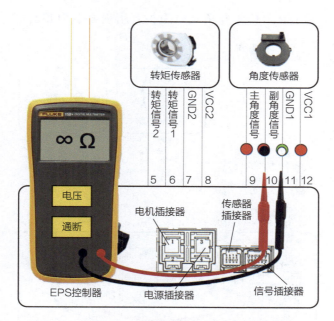

图2-3-31 角度传感器副转角信号与负极之间断路

4）因为人工转向正常，说明信号是正常的，因此可以判断为角度传感器负极断路。

（3）故障排除与确认

1）修复故障（故障点为角度传感器负极断路），再次测量角度传感器供电，万用表显示为12V，正常，如图2-3-32所示。

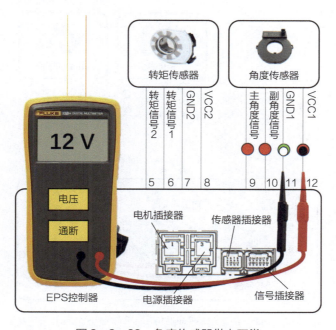

图2-3-32 角度传感器供电正常

2)测量角度传感器主转角信号与负极电阻,万用表显示为0Ω,正常,如图2-3-33所示。

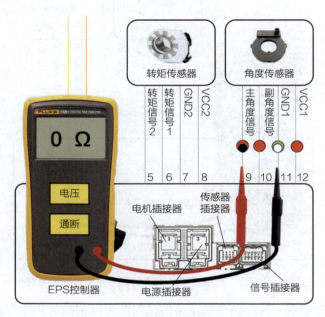

图2-3-33 角度传感器主转角信号与负极之间电阻正常

3)测量角度传感器副转角信号与负极电阻,万用表显示为0Ω,正常,如图2-3-34所示。

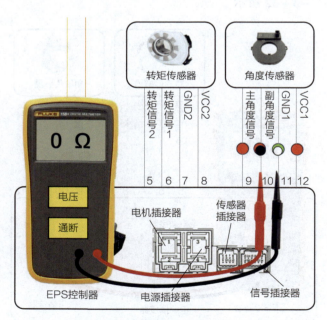

图2-3-34 角度传感器副转角信号与负极之间电阻正常

4）重新启动设备，仿真场景中自动驾驶模式转向正常，说明故障已排除。

4. 转矩传感器故障诊断与排除

（1）确认故障现象

车辆在人工驾驶模式下转向无助力，导致转向不足，如图 2-3-35 所示，但在自动驾驶模式下正常。

图 2-3-35　人工驾驶模式转向无助力

（2）故障诊断

1）测量转矩传感器供电，为 0V，不正常，如图 2-3-36 所示。

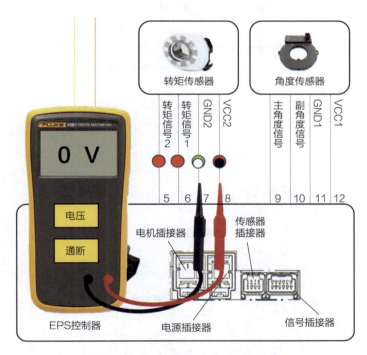

图 2-3-36　转矩传感器供电异常

2）测量转矩传感器转矩信号 1 与负极电阻，为 ∞，断路，不正常，如图 2-3-37 所示。

3）测量转矩传感器转矩信号 2 与负极电阻，为 ∞，断路，不正常，如图 2-3-38 所示。

4）因为自动驾驶模式转向正常，说明信号是正常的，因此可以判断为转矩传感器负极断路。

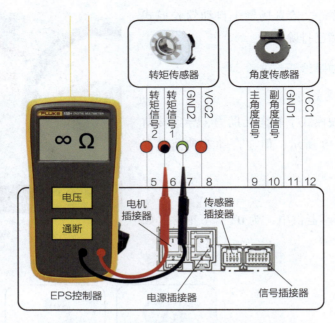

图2-3-37　转矩传感器转矩信号1与负极之间断路

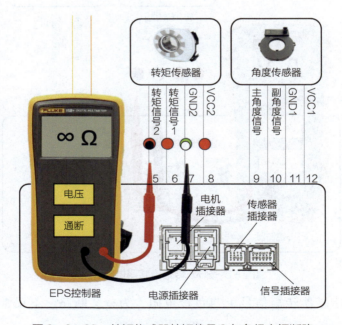

图2-3-38　转矩传感器转矩信号2与负极之间断路

(3) 故障排除与确认

1) 修复故障（故障点为转矩传感器负极断路），再次测量转矩传感器供电，为12V，正常，如图2-3-39所示。

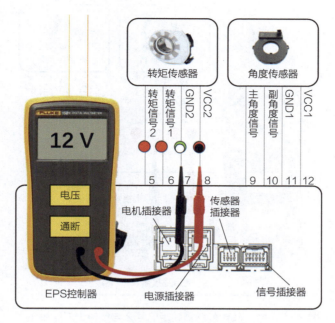

图2-3-39 转矩传感器供电正常

2)测量转矩传感器转矩信号1与负极电阻,为0Ω,正常,如图2-3-40所示。

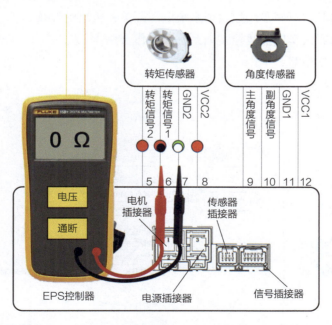

图2-3-40 转矩传感器转矩信号1与负极之间线束正常

3)测量转矩传感器转矩信号2与负极电阻,为0Ω,正常,如图2-3-41所示。
4)重新启动设备,人工驾驶场景中转向助力正常,说明故障已排除。

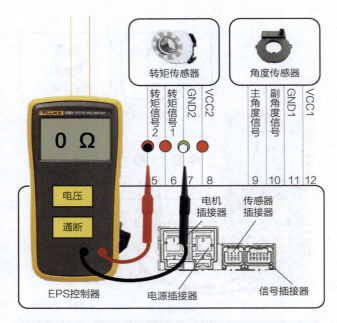

图2-3-41 转矩传感器转矩信号2与负极之间线束正常

5. 整理与清洁

1）关闭点火开关。
2）关闭智能网联汽车底盘线控实训系统电源开关并拔出电源线。
3）清洁智能网联汽车底盘线控实训系统和工作台。
4）脱下安全防护用品。

任务小结

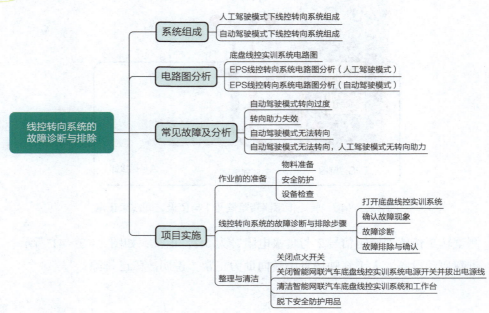

1. 判断题

（1）机械转向系统以驾驶人的体力作为转向能源，其中所有传力件都是机械的。（　　）

（2）线控转向系统主要是电动助力转向系统（EPS）类型。（　　）

（3）线控转向（Steering-By-Wire）就是把依靠转向管柱连接转向机构实现转向的传统方式，改变为由电控系统直接进行转向控制。（　　）

（4）目前，大多数线控转向系统都是在传统EPS系统的基础上进行改进的。（　　）

（5）L3/L4级别自动驾驶硬件采用六相电机、独立转矩传感器和芯片、电路板双冗余的ECU等。（　　）

（6）国内外主要EPS供应商有日本精工、一汽光洋和豫北转向等。（　　）

（7）基于总线技术的线控转向系统，将传统的机械转向系统变成通过高速容错通信总线相连的网络系统。（　　）

（8）在线控转向系统中，路感由转向盘模块中的路感模拟执行电机输出力矩信号生成。（　　）

（9）汽车在加速行驶中，EPS会依据汽车的速度来增加转向助力的程度。（　　）

（10）当汽车处于非稳定状态或驾驶人发出错误指令时，线控转向系统会将驾驶人错误的转向操作屏蔽，进行稳定控制。（　　）

2. 不定项选择

（1）传统机械转向系统特点是（　　）。
A. 有转向助力　　　　　　B. 转向系统性能高
C. 无液压助力　　　　　　D. 打方向重

（2）EPS主要由电机和（　　）等组成。
A. 转矩转角传感器　　　　B. 车速传感器
C. 减速机构　　　　　　　D. 电子控制单元

（3）线控转向系统关键技术主要包括（　　）。
A. 传感器技术　　　　　　B. 主动转向技术
C. 容错控制技术　　　　　D. 路感模拟技术

（4）线控转向系统的优点有（　　）。
A. 提高安全性　　　　　　B. 易于布置
C. 改善路感　　　　　　　D. 增强舒适性

（5）当转向器、EPS控制单元、转向助力电机等部件拆装过之后，需要对EPS系统进行中位标定，以保证车辆行驶的（　　）。
A. 直线稳定性　　　　　　B. 转向操作稳定性
C. 转向助力稳定性　　　　D. 转向角度准确性

（6）线控转向系统标定的目的是在一定速度下对（　　）和摩擦补偿等参数进行调整。
  A. 助力控制　 B. 回正系数
  C. 阻尼补偿　 D. 惯性补偿

（7）车辆在自动驾驶模式下转向时往一边打死，导致转向过度；但在人工驾驶模式下正常，可以判断为（　　）故障。
  A. 转向角度传感器电源正极断路　 B. 转矩传感器电源负极断路
  C. 转向控制器 CAN – H 断路　 D. 转向控制器内部故障

（8）车辆在人工驾驶模式下转向无助力，导致转向不足，但在自动驾驶模式下正常，可以判断为（　　）故障。
  A. 转向角度传感器电源正极断路　 B. 转矩传感器电源负极断路
  C. 转向控制器 CAN – H 断路　 D. 转向控制器内部故障

（9）车辆在自动驾驶模式下无法转向，但在人工驾驶模式下正常，可以判断为（　　）故障。
  A. 转向角度传感器电源正极断路　 B. 转矩传感器电源负极断路
  C. 转向控制器 CAN – H 断路　 D. 转向控制器内部故障

（10）获取路感反馈力矩的方法有（　　）。
  A. 参数拟合法　 B. 传感器测量法
  C. 基于动力学模型的方法　 D. 路感模拟法

3. 简答题

（1）简述 SBW 人工驾驶模式的工作原理。

（2）简述 SBW 自动驾驶模式的工作原理。

（3）EPS 中位标定方法有哪些？

（4）简述线控转向的概念。

项目三
线控驱动系统

- 学习任务一　线控驱动系统的标定
- 学习任务二　线控驱动系统的数据分析与调试
- 学习任务三　线控驱动系统的故障诊断与排除

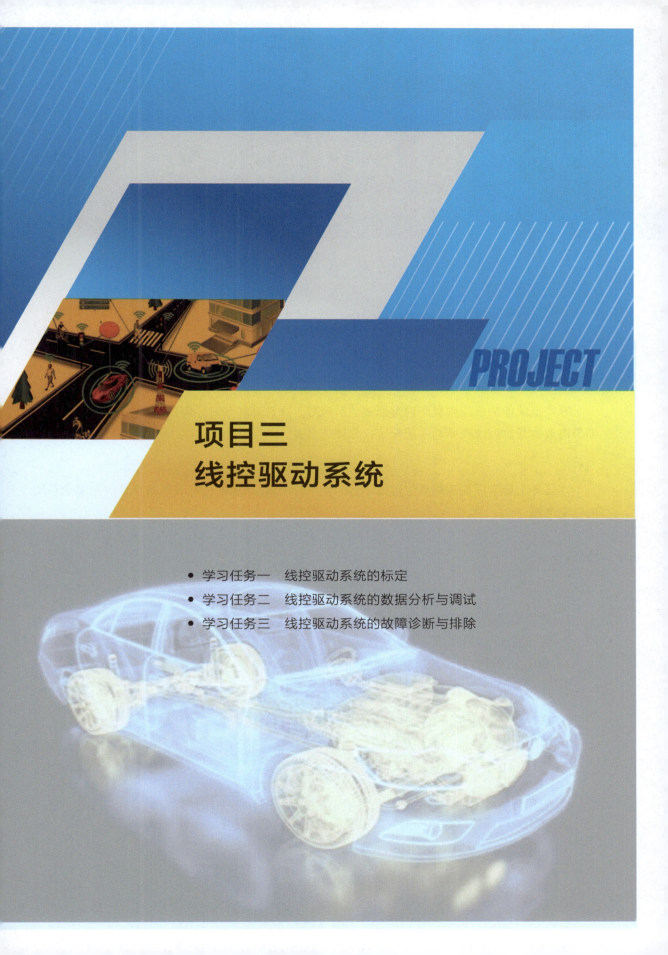

学习任务一
线控驱动系统的标定

任务描述

引导问题
你知道线控驱动系统的标定流程及要求吗？如何对车辆线控驱动系统进行标定？

任务场景
客户反映他的线控底盘车辆维修驱动系统后，在自动驾驶时，偶尔会出现动力不足问题，如果需要你帮忙做线控驱动系统标定，你该怎么做？

任务分析
本任务主要学习加速踏板位置传感器的作用、速度/加速度标定表的制作及线控驱动系统的标定流程。

学习目标

能力目标
1. 说出加速踏板位置传感器的作用。
2. 编写速度/加速度标定表。
3. 利用实训设备对线控驱动系统进行标定。

知识目标
1. 描述线控驱动系统的标定方法。
2. 说出线控驱动标定的注意事项。

素养目标
1. 培养和开发学生自信、乐观、希望、韧性等积极心理品质。
2. 讲述一名普通汽车钳工的大国工匠成长之路，培养学生的工匠精神。

知识准备

一、汽车驱动系统

1. 汽车驱动系统功能

驱动系统是汽车最主要的系统之一,它将发动机或驱动电机输出的动力,通过一系列的传动装置带动驱动车轮转动,实现汽车的正常行驶,如图3-1-1和图3-1-2所示。

图3-1-1 传统汽车驱动系统

图3-1-2 纯电动汽车驱动系统

2. 汽车驱动系统的发展历程

汽车驱动系统的发展历程如图3-1-3所示。

图3-1-3 汽车驱动系统的发展历程

3. 线控油门

（1）线控油门的结构

线控油门系统由加速踏板、踏板位置传感器、电控单元、数据总线、伺服电机和执行机构组成，如图3-1-4所示。

当前线控油门或电子节气门技术已经成熟。对于燃油车和混合动力汽车，线控油门基本是标准配置，而纯电动汽车都采用线控油门。巡航定速是线控油门的基础应用，凡具有定速巡航功能的车辆都配备有线控油门。

线控油门系统是通过ECU来调整节气门开度的，其加速踏板产生的位移数据汇总到ECU，从单纯地以踏板力度控制节气门变成了由数据计算后给出优化的节气门开度，从而提高了燃油经济性。

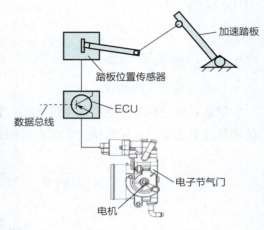

图3-1-4 线控油门的结构

（2）线控油门的工作原理

线控油门是通过电缆或线束来控制节气门的开度，从表面看其只是用电缆取代了传统的节气门拉索（图3-1-5），但实质上不仅仅是简单地改变连接方式，而是能对整个车辆的动力输出实现自动控制功能。

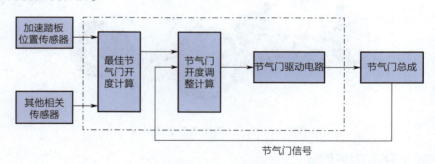

图3-1-5 线控油门的工作原理

当驾驶人需要加速时踩下加速踏板，踏板位置传感器就将感知的信号通过电缆传递给ECU，ECU根据此位置信号判断驾驶人的驾车意图，并参考发动机转速传感器、进气压力传感器及其他相关传感器的电信号，得到最佳的节气门开度参数，然后与当前节气门位置进行比较，当节气门的开度与最佳开度参数不一致时，便输出控制信号，控制节气门驱动电机工作，将节气门调整到目标开度。

（3）线控油门的特点

优点：加速舒适性和经济性好，稳定性高且不易熄火。

缺点：结构相对较为复杂，成本提高。

4. 线控换档

（1）线控换档的概念

传统换档：驾驶人推动变速杆，通过换档拉索带动变速器的换档摇臂动作，实现各个档位的切换。缺点是无法判断驾驶人误操作；结构复杂；体积重量较大，布置空间受限，影响美观性。

线控换档：无传统机械式结构，通过电控实现各个档位的切换。

（2）线控换档的分类

按照变速杆的形状，线控换档可分为档杆式、怀档式、旋钮式和按键式等类型，如图3-1-6所示。

图3-1-6 线控换档的分类

（3）线控换档的结构

线控换档主要由换档选择模块、换档控制单元、换档执行单元和档位指示灯等组成，如图3-1-7所示。

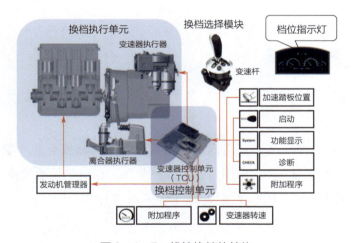

图3-1-7 线控换档的结构

（4）线控换档的工作原理

当驾驶人挂入某一个档位时，传感器就会将档位请求信号传送到变速器控制单元（TCU），同时，TCU会根据汽车上其他信号（比如发动机转速、车速、节气门开度、安全带以及车门开关信号等）进行分析，根据通信协议进行判断是否执行换档请求。

如果确认没有任何问题，TCU会发出指令，给变速器中相应的电磁阀通电或断电，来控制各种液压控制阀的通断，从而实现档位的切换，并将策略档位发送给仪表显示当前档位。同时，传感器从CAN总线上接收TCU发出的反馈档位信号，再通过LIN线点亮副仪表板上的档位指示灯。

如果分析到有错误操作存在，比如高速行驶中突然向前挂 R 位，会被 TCU 认为是错误信号，这种情况下 TCU 就不会给变速器发操作指令，如图 3-1-8 所示。

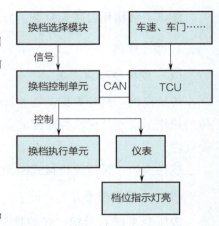

图 3-1-8　线控换档的工作原理

（5）线控换档的特点

1）优点。

① 省去传统机械式结构，质量更轻，有利于轻量化。

② 换档器体积更小，节省储物空间。

③ 布置位置灵活，形式多变、科技感十足，可提高品牌竞争力。

④ 便于集成附加功能，如全自动泊车、自动 P 档请求、手动/自动换档模式、驾驶人安全带保护、车门打开安全保护、整车防盗、多重硬线唤醒、驾驶习惯学习等，且为辅助驾驶和无人驾驶奠定基础。

⑤ 对于电子换档+手动变速器来说，驾驶人的换档错误操作会由 TCU 判断出是否会对变速器造成损伤，从而更好地保护变速器和纠正驾驶人的不良换档操作习惯。

2）缺点。

① 成本高。

② 可靠性比机械式差。

二、线控驱动系统的概念和功能

1. 线控驱动的概念

线控驱动（Drive-By-Wire）就是将汽车驱动系统中的部分或全部功能通过电信号执行，即通过传感器采集各种信息，并将数据传递给控制单元，控制单元通过预设的程序发出指令和信息，执行装置将电能转换成机械运动，如图 3-1-9 所示。

图 3-1-9　线控驱动

2. 线控驱动系统的功能

（1）人工驾驶模式

人工驾驶模式下按照驾驶人的意愿控制汽车的驱动，如图3-1-10所示。

（2）自动驾驶模式

自动驾驶模式下按照预设的程序自动控制汽车的驱动，如图3-1-11所示，例如，目前常见的自适应巡航、自动泊车等状态下的驱动控制功能。

图3-1-10 人工驾驶模式

图3-1-11 自动驾驶模式

三、线控驱动系统的类型及结构原理

1. 线控驱动系统的类型

线控驱动系统根据结构不同主要分为混合动力驱动系统（图3-1-12）和纯电动驱动系统（图3-1-13）两种类型。

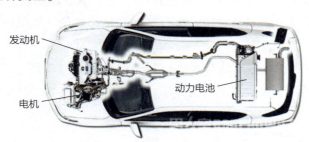
图3-1-12 混合动力驱动系统

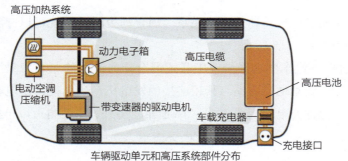
图3-1-13 纯电动驱动系统

2. 混合动力驱动系统

（1）混合动力汽车的概念

1) 广义上说，混合动力汽车（Hybrid Electric Vehicle，HEV）是指车辆驱动系统由两个或多个能同时运转的单个驱动系统联合组成的车辆（图 3-1-14），车辆的行驶功率依据实际的车辆行驶状态由单个驱动系统单独或共同提供。

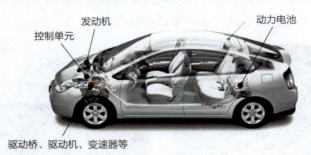

图 3-1-14　混合动力汽车

2) 通常所说的混合动力汽车，一般是指油电混合动力汽车，即采用传统的内燃机（柴油机或汽油机）和电机作为动力源，也有的发动机经过改造使用其他替代燃料，如压缩天然气、丙烷和乙醇燃料等。

3) 根据国际能源组织（IEA）的有关文献，"能量与功率传送路线"具有如下特点的车辆称为混合动力汽车。

①传送到车轮推进车辆运动的能量，至少来自两种不同的能量转换装置。

②这些能量转换装置至少要从两种不同的能量储存装置获取能量。

③从储能装置流向车轮的这些通道，至少有一条是可逆的。如果可逆的储能装置供应的是电能，则称作混合动力汽车。

4) GB/T 19596—2017《电动汽车术语》对于混合动力汽车是这样定义的：能够至少能从下述两类车载储存的能量中获得动力的汽车：

①可消耗的燃料。

②可再充电能/能量储存装置。

（2）混合动力驱动系统的分类及结构原理

根据内燃机和电机的能量流动及连接关系，混合动力驱动系统可以分为串联式、并联式和混联式三类，如图 3-1-15 所示。

1) 串联式混合动力汽车驱动系统。串联式混合动力汽车的驱动力只源于电机，发动机不负责直接驱动车轮，而是通过驱动与其相连接的发电机产生电能，给电机提供电力，以及在能量需求溢出时为电池充电，如图 3-1-16 所示。另外，电池也可以单独向电机提供电能驱动汽车行驶。

项目三　线控驱动系统

图 3-1-15　混合动力驱动系统分类

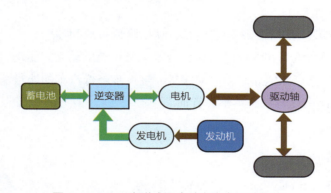

图 3-1-16　串联式混合动力汽车驱动系统

2）并联式混合动力汽车驱动系统。并联式混合动力汽车的驱动力由电机及发动机同时或单独供给，既可以单独使用发动机或电机作为动力源，也可以同时使用电机和发动机作为动力源驱动汽车行驶，如图 3-1-17 所示。

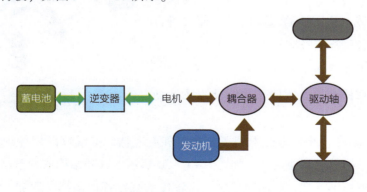

图 3-1-17　并联式混合动力汽车驱动系统

3）混联式混合动力汽车驱动系统。混联式混合动力汽车同时具有串联式、并联式驱动方式，既可以在串联混合模式下工作，也可以在并联混合模式下工作，这样的好处是电机持续的大转矩输出可以给车辆提供更迅猛的提速，而发动机可以保持经济工况以节约油耗，续

097

驶能力也得到改善，如图3-1-18所示。

(3) 混合动力驱动系统的特点

1) 优点。

①与纯电动汽车比较。

a. 整车重量小（由于电池的容量减小）。

b. 汽车的续驶里程和动力性可达到内燃机汽车的水平。

c. 保证驾车和乘坐的舒适性（空调、暖风、动力转向的使用）。

d. 价格便宜。

②与内燃机汽车比较。

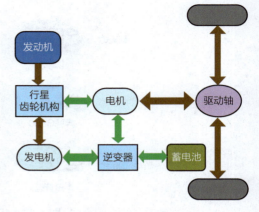

图3-1-18 混联式混合动力汽车驱动系统

a. 可使发动机在最佳的工况区稳定运行，从而降低排放和油耗。

b. 插电式混合动力汽车在商业区、居民区等地可用纯电动方式驱动，实现"零排放"。

c. 通过电机回收汽车减速和制动时的能量，进一步降低汽车的能量消耗和排放污染。

2) 缺点：长距离高速行驶基本不能省油。

3. 纯电动驱动系统

(1) 纯电动汽车的概念

纯电动汽车（Electrical Vehicle，EV）也称为BEV（Battery Electrical Vehicle），是一种完全由可充电电池（如铅酸电池、镍镉电池、镍氢电池或锂离子电池）提供动力源的汽车，如图3-1-19所示。它以车载电源为动力，通过电池向电机提供电能，驱动电机运转，从而推动汽车前进，使之符合道路交通、安全法规各项要求。

(2) 纯电动驱动系统的分类

根据电动汽车传动形式不同，纯电动汽车驱动系统可以分为：

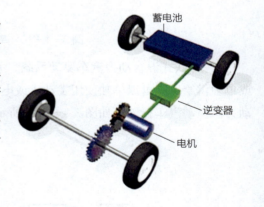

图3-1-19 纯电动汽车

1) 集中电机驱动。此种方式取消了离合器和变速器。但继续沿用传统汽车中的动力传动装置，只需要一组电机和逆变器，如图3-1-20所示。这种结构依赖于电机在大范围转速变化中所具有的恒功率特性，可用固定档的齿轮传动装置替代多档变速器，并缩减了对离合器的需要，减小机械传动装置的尺寸和重量，且不需要换档，简化驱动系统的控制。

2) 轮边电机驱动。轮边电机驱动系统通过电机加减速器组合对驱动轮单独驱动（图3-1-21），且电机不集成在车轮内。电机与固定速比减速器一起安装在车架上，减速器输出轴通过万向节与车轮半轴相连驱动车轮。

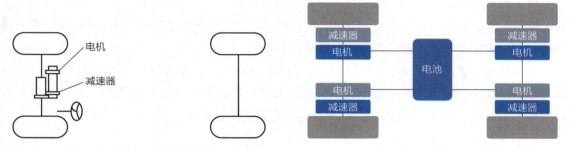

图 3-1-20 集中电机驱动　　　　　图 3-1-21 轮边电机驱动

3）轮毂电机驱动。轮毂电机驱动系统分内转子式与外转子式（图 3-1-22），外转子式采用低速外转子电机，无减速装置，车轮的转速与电机相同；内转子式则采用高速内转子电机，在电机与车轮之间配备固定传动比的减速器。

（3）纯电动驱动系统的工作原理

纯电动驱动系统由电池的能量使电机驱动车轮转动，能量流动路线为电池→电流→功率转换器→电机→机械传动装置→驱动汽车行驶。其中，电池提供电流，经过功率转换器后输出到电机，然后由电机提供转矩，经传动装置后驱动车轮实现车辆的行驶。

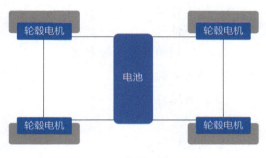

图 3-1-22 轮毂电机驱动

纯电动汽车的驱动控制通过嵌入整车控制器中的控制策略程序来实现，根据各传感器输入信号判断车辆所处的工况并决策各工况下驱动电机的目标转矩，然后通过 CAN 总线将目标值发送给电机控制器（MCU），电机控制器根据接收到的命令对电机进行控制，以保证车辆的正常行驶，如图 3-1-23 所示。

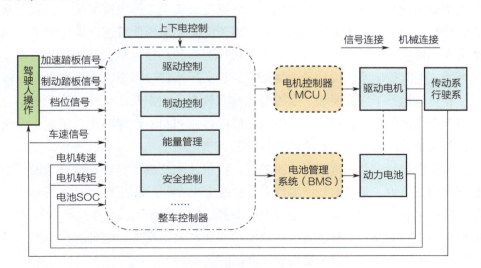

图 3-1-23 纯电动驱动系统的工作原理

对于整车控制器，控制策略的输入信号有加速踏板开度、制动踏板开度、实际档位、车速、电机转速、电机转矩以及电池 SOC 信号等，这些信号经过处理后经由 CAN 总线传入整车控制器，为驱动控制策略的判断和运算提供依据。

整车控制器输出转矩指令信号给电机控制器（MCU），MCU 输出电机的实际转矩；为确保转矩输出安全，根据能量守恒原理，利用电机控制器的有功输出平衡原理，实现电机实际转矩输出的监控。MCU 控制算法为转子磁链定向矢量控制方式。

(4) 纯电动驱动系统的特点

1) 优点：

① 环境污染小。

② 噪声低。

③ 能源利用率高、效率高。

④ 能源来源广泛。

⑤ 移峰填谷。

2) 缺点：

① 续驶里程短。

② 成本高。

③ 充电时间长。

④ 维护费用较高。

⑤ 蓄电池寿命短。

四、线控驱动系统的关键技术

1. 永磁同步电机高效化技术

异步电机的优点是成本低、工艺简单，且能忍受大幅度工作温度变化，但缺点是重量和体积偏大，使得电动汽车续驶里程较短，主要用于空间要求较低且速度性能要求不高的电动客车、物流车、商用车等车型中。开关磁阻电机作为一种新型电机，结构最为简单，同时适用于恶劣环境，但其控制系统设计最为复杂，且在实际运转过程中，电机本身发出较大噪声以及振动，在负载运行下尤为明显。永磁电机具有较高的功率及质量比，体积更小，质量更轻，比其他类型电机的输出转矩更大，电机的极限转速和制动性能突出且振动小，缺点为高速运行时控制复杂，高温时存在永磁体退磁问题。

从电机高效率运行、调速范围、功率密度、控制性能及成本等特点综合考虑，永磁电机产品拥有更强的竞争力，是目前新能源汽车电机的主流方案，如图 3-1-24 所示。

从额定指标来看，无论是电机还是电控效率都已经非常高了，最高效率点能达到 94% ~ 97%。但额定高效只能反映部分性能，在峰值功率和高速工况下，电机的效率仍然有很高提升空间，需通过不同的技术手段来提高驱动电机的效率。

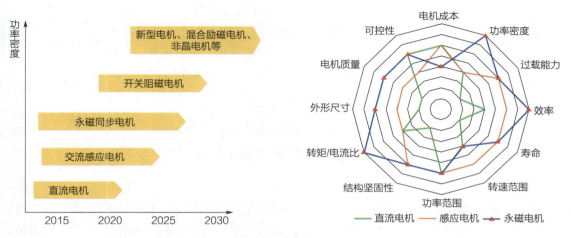

图 3-1-24 驱动电机技术对比

2. 轮毂电机技术

轮毂电机驱动系统可以灵活地布置于各类电动车辆的车轮中,直接驱动轮毂旋转,如图 3-1-25 所示。与内燃机、单电机等传统集中驱动方式相比,其在动力配置、传动结构、操控性能、能源利用等方面的技术优势和特点极为明显。

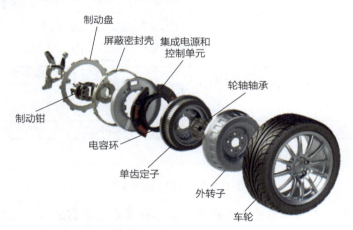

图 3-1-25 轮毂电机驱动示意图

(1)轮毂电机技术工作原理

通过将驱动电机设计安装在车轮内部,实现动力、传动、制动系统的高度集成,输出转矩直接传输到车轮;全部或部分舍弃传统离合器、减速器、传动桥等机械传动部件,使得汽车结构大为简化。

(2)技术优势

1)高效节能:结构简单,省略大量传动部件,减少传动损失进而实现整车续驶里程提高。

101

2）集成化、轻量化：零部件一体化可减轻30%自身重量。

3）操纵灵活：转向方便，可实现动力按需分配。

(3) 存在的难题

1）簧下质量问题：轮胎接触力波动大。

2）电机过热问题：影响性能和安全性。

3）磁钢退磁问题：振动和过热环境导致电机磁钢退磁。

4）成本问题：高度集成产品方案目前使用配套成本较高。

3. 电机控制器技术

轮毂电机驱动系统可以灵活地布置于各类电动车辆的车轮中，直接驱动轮毂旋转。与内燃机、单电机等传统集中驱动方式相比，其在动力配置、传动结构、操控性能、能源利用等方面的技术优势和特点极为明显，如图3-1-26所示。

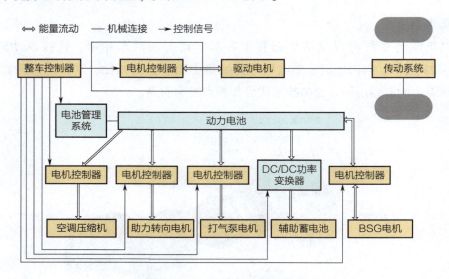

图3-1-26 电机控制器技术

电机控制器是驱动系统里最核心的器件，也是技术难度最高的部件，其不仅涉及电力电子的硬件，还涉及电机控制的算法及功能安全软件，以及机械机构和热仿真等。通过电机控制器可控制驱动电机的转速、转矩和功率，控制车辆的速度、加速性等性能指标。

碳化硅功率半导体是电机控制器的关键技术，碳化硅（SiC）因为禁带宽度、导热和绝缘能力强，非常适合作为功率半导体的材料，它比硅（Si）基器件更容易实现低损耗、高开关频率、高结温，且温度升高对于开关损耗变化很小，良好的输出特性更适合于牵引工况。尽管成本较高是其面临的主要阻碍，但随着材料价格的下降和生产工艺的提高，SiC器件将在高效运行、零部件节约与芯片等维度降低电控产品成本。

4. 容错技术

容错控制（Fault Tolerant Control，FTC）是指当控制系统的执行器发生故障时，控制系统基于得到的故障信息自动补偿故障对于控制系统带来的不利影响（图3-1-27），以系统的稳定性和完整性为目标，尽可能保持失效系统的执行能力。容错控制大体上可分为被动容错控制（Passive FTC）和主动容错控制（Active FTC）。

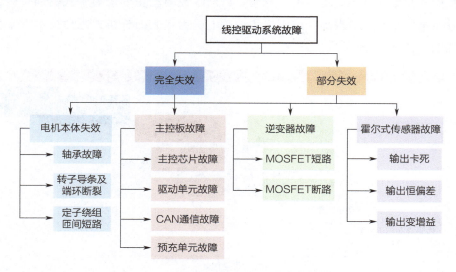

图3-1-27 四轮独立线控驱动系统故障树

轮毂电机本体主要由定子绕组、转子磁极、转动轴承等关键部件组成，轴承故障率最高，大约占故障总数的53%，其他部件按照故障概率的大小排列，依次为定子绕组、外部负载、转子磁极等。

电机控制器是车辆线控驱动系统的控制核心，主要由主控芯片、信号调理单元、驱动单元、CAN通信单元、预充单元组成。它采用数字信号处理（Digital Signal Processor，DSP）作为主控芯片，集成了电机控制所有的指令程序和控制逻辑。一旦DSP失效，必然影响线控驱动系统的所有动作，DSP故障主要表现为I/O功能失效和ADC功能失调。I/O作为DSP多路功能单元的控制输入，引脚虚焊、温度效应、电源纹波过大都是造成I/O功能失效的主要原因。ADC功能失调是由DSP精度下降或采集误差引起的，ADC功能失调主要以增益误差和偏移误差的形式存在。电机控制器作为车载网络系统中的通信节点之一，其节点故障可分为两类：一是由传输协议或软件程序存在明显缺陷或冲突引起的软件故障；二是由控制芯片或功能电路失效造成的硬件故障。通常来说，当总线负载率超过60%时，总线通信会出现堵塞，优先级较低的通信节点无法获取仲裁，其传输延迟现象较为明显，甚至会因多次发送失败而退出车载网络。

容错控制的一个关键技术是电控冗余设计。控制器硬件备份的设计方案，遵循两个原则：①在保证线控驱动系统自身性能的前提下，充分考虑冗余环节的信号耦合和干扰问题；②引入仲裁机制，实现双ECU与MCU之间的信息交互以及双ECU之间的控制逻辑切换，以满足线控系统对容错控制的要求，保证电动汽车线控驱动系统的可靠运行。

5. 线控驱动系统的发展趋势

随着电动汽车技术的不断成熟，其对电气化零部件的要求将日益提升，也正推动线控驱动技术由集中式驱动向分布式驱动不断发展。目前线控驱动正处于集中式驱动阶段，未来随着自动驾驶及电气化水平的提高，以轮边和轮毂电机为代表的分布式驱动技术方案将得到大量应用，如图 3-1-28 所示。

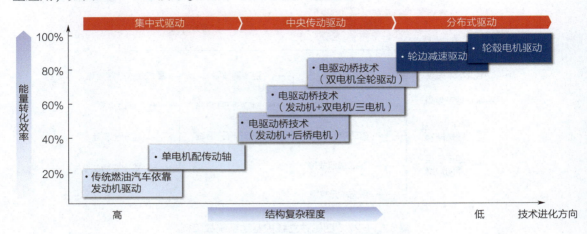

图 3-1-28 线控驱动系统的发展趋势

五、线控驱动系统的标定

1. 加速踏板位置传感器的作用

线控驱动的核心是实现车辆的速度控制。智能汽车的驱动控制通过加速踏板的自动控制，实现电子节气门开度的自动调整，调节进气量大小，从而实现控制车速的目的，如图 3-1-29 所示。

2. 速度/加速度标定表的制作

在标定前，首先对参数进行设置，包括 Carsim 道路设置、输入输出设置、变速器设置、电机模型（180kW，380N·m）。

速度/加速度标定表的制作可以用图 3-1-30 进行讲解。

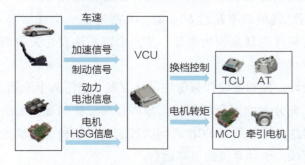

图 3-1-29 线控驱动速度控制

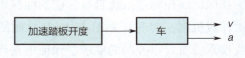

图 3-1-30 速度/加速度设置

当给定一个恒定加速踏板开度时,车辆就会启动,输出速度 v 和加速度 a。通过找到速度 v 和加速度 a 的对应关系,就可以得到速度/加速度标定表。

试验中通过不同的加速踏板开度,得到速度 v 和加速度 a 的曲线,然后进行拟合。

当加速踏板开度为 0.3 的时候,如图 3-1-31 所示,通过仿真可以得到 v、a 和时间 t 的关系。

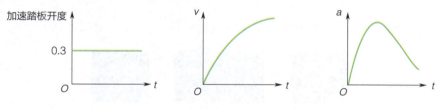

图 3-1-31　v、a 和时间 t 的关系

根据时间 t,v 和 a 可以计算,假设加速踏板开度为 0.3,当 $t=0.1s$ 时可以得到 v_1,a_1;当 $t=0.2s$ 时可以得到 v_2,a_2;当 $t=0.3s$ 时可以得到 v_3,a_3……这样在 v,a 二维坐标系里可以得到一系列的点。将这些点连成线,可以得到图 3-1-32 所示曲线。

使用不同的加速踏板开度做实验,会得到不同的 v,a 曲线,将 v,a 曲线合并在一起可得到一个拟合三维曲面,从而可得到加速踏板开度与 $f(v,a)$ 之间的函数关系,如图 3-1-33 所示。

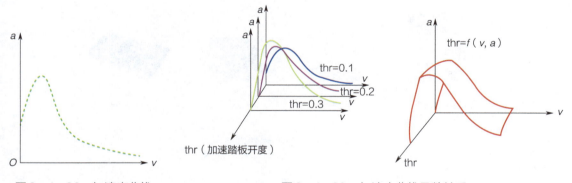

图 3-1-32　加速度曲线　　　　图 3-1-33　加速度曲线函数关系

通过做实验,可以得到大量的 (v,a,thr) 三维点,从而拟合 $thr=f(v,a)$,这个对应关系叫作模型,模型做好之后,即可制成标定表,见表 3-1-1。

表 3-1-1　标定表

v	a				
	0	0.01	0.02	0.03	…
0	$f(0,0)$				
0.01		$f(0.01,0.01)$			
0.02					
0.03					
…					

项目实施

一、线控驱动系统的标定流程

线控驱动系统的标定流程如图 3-1-34 所示。

任务 3.1：
线控驱动系统的
标定与调试

图 3-1-34　线控驱动系统的标定流程

二、作业前的准备

1. 物料准备（图 3-1-35）

1）防护用品：安全帽、工作手套。
2）设备：智能网联汽车底盘线控实训系统。
3）辅助材料：清洁抹布。

智能网联汽车底盘　　　安全帽　　　　　工作手套　　　　　清洁抹布
线控实训系统

图 3-1-35　物料准备

2. 安全防护

检查并穿戴工作手套和安全帽。

3. 设备检查

检查智能网联汽车底盘线控实训系统万向轮是否已锁止，确保万向轮处于锁止状态。

三、线控驱动系统的标定步骤

1. 打开底盘线控实训系统

1）连接电源线，按下电源开关按钮。
2）打开点火开关，检查换档旋钮的档位是否处于 N 档，如图 3-1-36 所示。

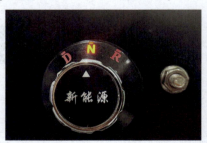

图 3-1-36　换档旋钮处于 N 档

2. 线控驱动系统的标定

1) 打开调试软件,如图 3-1-37 所示。

图 3-1-37　调试软件界面

2) 单击左侧边栏的"线控底盘"进入线控底盘调试界面,选择 CAN 通道 1,将波特率调整为 500k,单击"开启设备"按钮,左侧的 CAN 数据会实时地刷新,如图 3-1-38 所示。

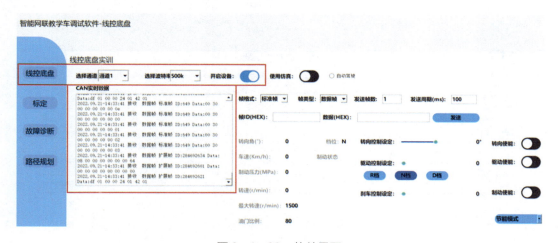

图 3-1-38　软件界面

3) 单击左侧边栏的"标定"进入线控底盘标定界面,先设置最大转速(设置范围为 0~2000),单击"设置",如果弹出成功的弹窗代表设置成功;再设置不同模式(节能、舒适和运动)下的最大转速值,单击"设置",如图 3-1-39 所示。

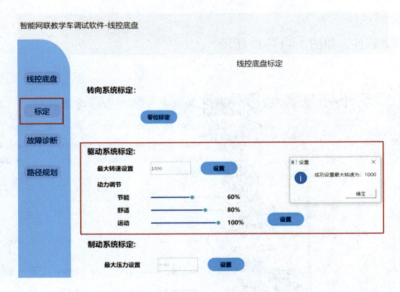

图3-1-39 标定界面

4）单击左侧边栏的"线控底盘"返回线控底盘调试界面。

5）选择"节能模式"。

6）手动换档（D档或R档），踩下加速踏板，并逐渐踩到底，查看调试界面中的最大转速是否为设置的最大转速值，油门比例是否为设置的节能模式下的动力比例，转速值是否接近节能模式下的最大转速，如图3-1-40所示。

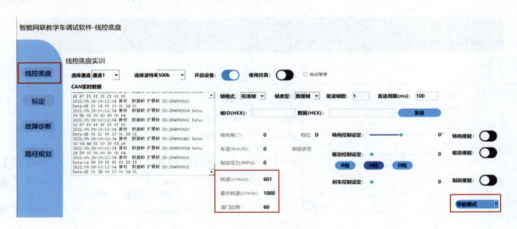

图3-1-40 节能模式标定

7）选择"舒适模式"。

8）踩下加速踏板，并逐渐踩到底，查看调试界面中的最大转速是否为设置的最大转速值，油门比例是否为设置的舒适模式下的动力比例，转速值是否接近舒适模式下的最大转速，如图3-1-41所示。

图 3-1-41 舒适模式标定

9）选择"运动模式"。

10）踩下加速踏板，并逐渐踩到底，查看调试界面中的最大转速是否为设置的最大转速值，油门比例是否为设置的运动模式下的动力比例，转速值是否接近运动模式下的最大转速，如图 3-1-42 所示。

图 3-1-42 运动模式标定

11）标定成功，关闭设备，把档位挂到 N 档，退出调试软件。

3. 整理与清洁

1）关闭点火开关。
2）关闭智能网联汽车底盘线控实训系统电源开关并拔出电源线。
3）清洁智能网联汽车底盘线控实训系统和工作台。
4）脱下安全防护用品。

任务小结

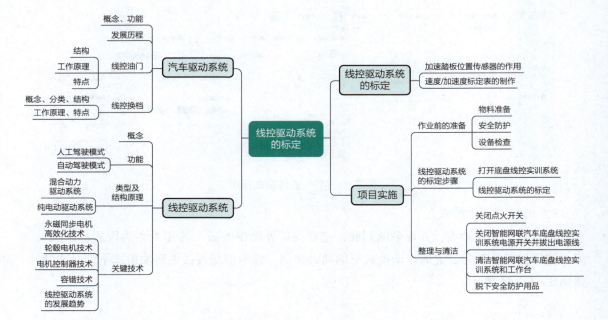

学习任务二
线控驱动系统的数据分析与调试

引导问题

如何判断线控驱动系统的功能是否正常？如何进行线控驱动系统的调试？

任务场景

客户打电话反映说，他的车辆线控驱动系统功能出现故障，导致车辆驱动报文错误，如果需要你帮忙解决，你该如何处理？

任务分析

本任务主要学习线控驱动系统 CAN 报文协议及线控驱动系统的通信原理，能够将调试数据解析成 CAN 报文，完成线控驱动系统的控制。根据 MCU 反馈的信息，计算出 MCU 向 VCU 发送的数据，完成线控驱动系统的调试。

能力目标

1. 能利用 CAN 软件将调试数据解析成 CAN 报文，完成线控驱动系统的控制。
2. 能够根据当前 MCU 反馈的信息，计算出 MCU 向 VCU 发送的数据。
3. 能利用实训设备独立完成线控驱动系统的调试。

知识目标

1. 描述线控驱动系统的 CAN 报文协议。
2. 叙述线控驱动系统的通信原理。
3. 说出线控驱动系统数据分析的步骤与方法。
4. 说出线控驱动系统调试的步骤与方法。

素养目标

1. 讲述通过不断地调试设备,国产汽车自主品牌同样可以打造出响应更快、精度更高、抓地力更强、更加"丝滑"的产品,提高学生"四个自信"。
2. 引导学生树立正确的社会主义核心价值观,成为社会主义合格的建设者和接班人。

知识准备

线控驱动系统的 CAN 报文协议

1. CAN 报文格式

线控驱动系统的 CAN 报文协议格式为 Intel 格式编码,帧格式为拓展帧,VCU 驱动电机控制报文的 ID 为 0x0CF89A27;电机控制器状态报文有 3 种,它们的 ID 分别为 0x10F8109A、0x10F8108D 和 0x10F81079。本节任务只需要使用 ID 为 0x10F8109A 的电机控制器状态报文。因此,本节课程只介绍 ID 为 0x0CF89A27 和 0x10F8109A 的报文协议。

2. VCU 驱动电机控制报文协议

VCU 报文的 ID 为 0x364,报文协议见表 3-2-1。

表 3-2-1　VCU 驱动电机控制报文协议

发送方	接收方	ID	周期/ms	数据			
				Byte	bit	数据名	备注
VCU	MCU	0x0CF89A27	50	0		转速命令低字节	1(r/min)/bit,0~6000(r/min)/bit
				1		转速命令高字节	
				2	0	运行命令	0:停止,1:运行
					1	停车模式	0:再生制动,1:自由滑行
					2	前进	0:不前进,1:前进
					3	后退	0:不后退,1:后退
					4	车辆驾驶模式	0:人工驾驶模式,1:自动驾驶模式
					5~7	保留	

3. 电机控制器状态报文协议

电机控制器状态报文协议见表 3-2-2。

表 3-2-2 电机控制器状态报文协议

发送方	接收方	ID	周期/ms	数据			
				Byte	bit	数据名	备注
MCU	VCU	0x10F8109A	50	0	0、1	档位状态	bit1-bit0：00-无效，01-前进，10-后退
					2	保留	
					3	高低速模式	bit3：0—低速运行模式；1—高速运行模式
					4、5	当前运行方向	bit5-bit4：00-无效，01—后退，10—前进
					6	当前驾驶模式	0—人工驾驶模式；1—自动驾驶模式
					7	保留	
				1		电机转速低字节	1（r/min）/bit，偏移量 0
				2		电机转速高字节	
				3		故障代码	0x00 表示无故障
				4		低功耗模式	0xAA—低功耗；其他—无效
				5		保留	
				6		保留	
				7		保留	

项目实施

一、线控驱动系统的数据分析与调试流程

线控驱动系统的数据分析与调试流程如图 3-2-1 所示。

图 3-2-1 线控驱动系统的数据分析与调试流程

任务 3.2：线控驱动系统的数据分析

二、作业前的准备

1. 物料准备（图 3-2-2）

1）防护用品：安全帽、工作手套。

2）设备：智能网联汽车底盘线控实训系统。

3）辅助材料：清洁抹布。

图3-2-2 物料准备

2. 安全防护

检查并穿戴工作手套和安全帽。

3. 设备检查

检查智能网联汽车底盘线控实训系统万向轮是否已锁止，确保万向轮处于锁止状态。

三、线控驱动系统的数据分析与调试步骤

1. 打开底盘线控实训系统

1）连接电源线，按下电源开关按钮。

2）打开点火开关，检查换档旋钮的档位是否处于N档，如图3-2-3所示。

2. 线控驱动系统的数据分析

假设现在需要通过CANTest软件来控制线控驱动系统，并且在CANTest软件界面查看线控驱动系统反馈回来的报文，将报文解析成真实的数据。

1）打开CANTest软件。

2）波特率选择500K，勾选"选择所有CAN"，然后单击"确定并启动CAN"按钮，如图3-2-4所示。

图3-2-3 换档旋钮处于N位

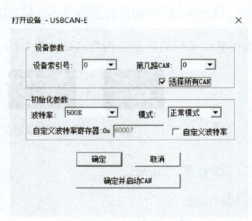

图3-2-4 启动CAN

3）VCU 驱动电机控制的 CAN 报文。

任务实施：设置车辆驾驶模式为自动驾驶，行驶方向为前进，转速为 500r/min，停车模式为自由滑行，然后进行 CAN 报文计算，见表 3-2-3。

表 3-2-3　VCU 驱动电机控制的 CAN 报文计算

字节		计算	数据
Byte0	转速命令低字节	Byte0、Byte1 用来设置转速：500r/min 数值为 500，将十进制数值 500 换算成十六进制数为 01F4	0XF4
Byte1	转速命令高字节		0x01
Byte2		Byte2 用来设置运行命令、停车模式、行驶方向（前进或后退）、车辆驾驶模式：运行命令为运行，则 bit0 = 1；停车模式为自由滑行，则 bit1 = 1；行驶方向为前进，则 bit2 = 1、bit3 = 0；车辆驾驶模式为自动驾驶模式，则 bit4 = 1；其余位为预留位，默认为 0，则 Byte2 等于 00010111，换算成 16 进制为 0x17	0x17
Byte3		Byte3 为预留字节，默认 Byte3 = 0x00	0x00
Byte4		Byte4 为预留字节，默认 Byte4 = 0x00	0x00
Byte5		Byte5 为预留字节，默认 Byte5 = 0x00	0x00
Byte6		Byte6 为预留字节，默认 Byte6 = 0x00	0x00
Byte7		Byte7 为预留字节，默认 Byte4 = 0x00	0x00

根据表 3-2-3 的数据分析可知：使用 CANTest 软件发送的报文为 F401170000000000，ID 号为 0CF89A27，帧类型选择"扩展帧"，帧格式选择"数据帧"，发送次数和每次发送的帧数可随意选择，但是在进行数据分析的过程中需要持续驱动电机，因此需要发送多次，每次发送间隔为 50ms，设置完成后，单击"发送"按钮，如图 3-2-5 所示。

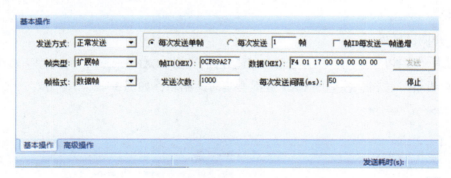

图 3-2-5　VCU 驱动电机

4）解析 MCU 向 VCU 反馈电机控制器状态 CAN 报文。

任务实施：捕捉数据有两种方法，方法一为通过单击"停止"按钮，暂停数据更新，在 CANTest 软件界面的数据接收区查看 ID 为 10F8109A 的 CAN 报文；方法二是通过单击"DBC"，查看 ID 为 10F8109A 的 CAN 报文，如图 3-2-6 所示，然后再进行数据分析。由于 CANTest 软件界面的数据接收区的数据包括不同 ID 的报文，且是实时更新的，很难捕捉到，因此推荐使用方法二进行数据解析，见表 3-2-4。

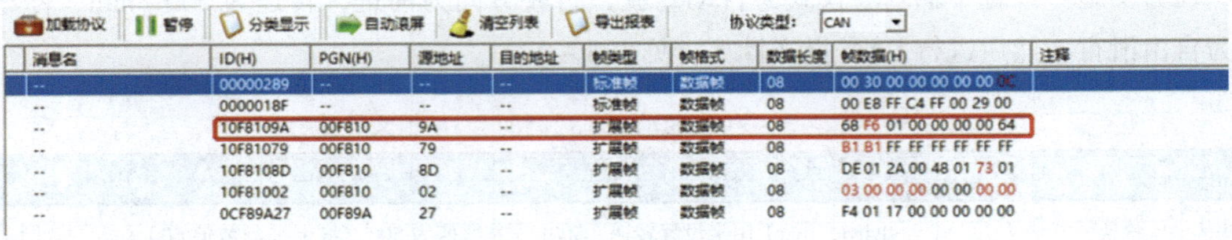

图 3-2-6 电机控制器状态报文

表 3-2-4 电机控制器状态 CAN 报文计算

字节	数据	解析
Byte0	0x68	Byte0 用来反馈档位状态、高低速模式、运行方向和驾驶模式等，0x68 换成二进制数为 01101000，解析其所代表的含义：bit0、bit1 =00，档位无效；bit3 =1，高低速模式为高速运行模式；bit4、bit5 =10，运行方向为前进；bit6 =1，驾驶模式为自动驾驶模式
Byte1	0xF6	Byte1 和 Byte2 用来反馈电机转速，Byte1 为电机转速低字节，Byte2 为电机转速高字节，Byte1、Byte2 =0x01F6，0x01F6 换成十进制数为 502。因此转速为 502r/min
Byte2	0x01	
Byte3	0x00	Byte3 用于反馈故障码，代码 0x00 表示无故障
Byte4	0x00	Byte4 用于低功耗模式，代码 0x00 表示低功耗模式无效
Byte5	0x00	预留字节
Byte6	0x00	预留字节
Byte7	0x64	预留字节

5）完成数据分析后，关闭 CANTest 软件。

3. 线控驱动系统的调试

1）打开调试软件。

2）单击"线控底盘"进入线控底盘调试界面，选择 CAN 通道 1，将波特率调整为 500k，单击"开启设备"按钮，左侧的 CAN 数据会实时地刷新，如图 3-2-7 所示。

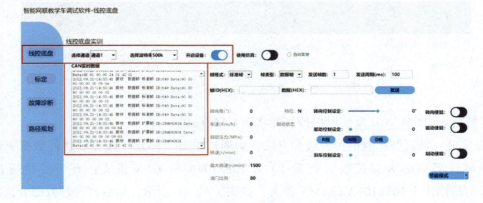

图 3-2-7 软件界面

3）查看信息栏中的转速是否为 0r/min，如图 3-2-8 所示。

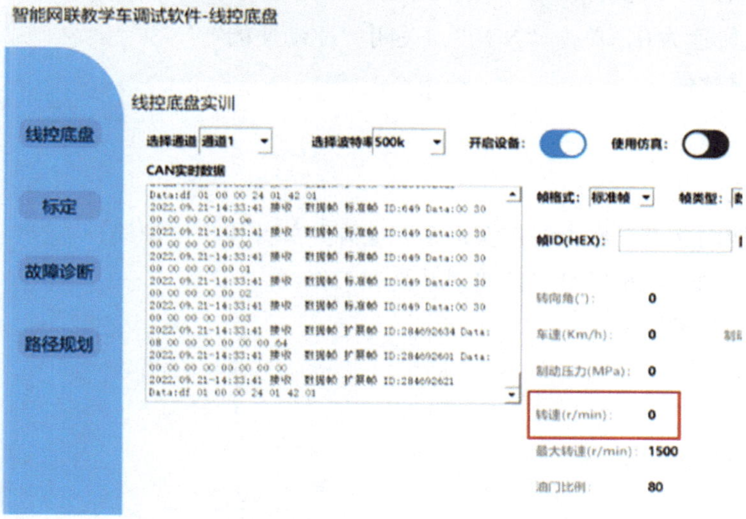

图 3-2-8　软件界面

4）换档（D档或R档），踩下加速踏板，查看转速值是否出现相应的变化，车轮是否能够向前或向后旋转，然后松下加速踏板，如图 3-2-9 所示。

5）打开"驱动使能"，单击"D档"，拖动滚动条（值＝设置的转速/最大转速×100%）驱动车轮向前旋转，查看转速值是否出现相应的变化，车轮是否能够向前旋转，如图 3-2-10 所示。

图 3-2-9　加速踏板

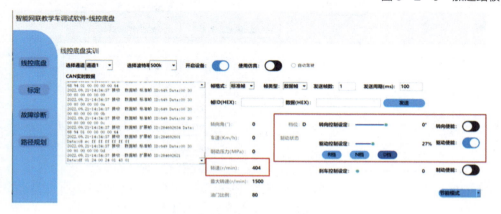

图 3-2-10　上位机驱动使能

6）拖动滚动条，设置车轮转速为0，单击"N档"。
7）单击"R档"，拖动滚动条驱动车轮向后旋转，查看转速值是否出现相应的变化，车轮是否能够向后旋转。

8）若调试软件可以正常驱动车轮，则证明线控驱动系统工作正常，调试完成；拖动滚动条，设置车轮转速为0，单击"N档"，关闭"驱动使能"。

9）退出调试软件。

4. 整理与清洁

1）关闭点火开关。

2）关闭智能网联汽车底盘线控实训系统电源开关并拔出电源线。

3）清洁智能网联汽车底盘线控实训系统和工作台。

4）脱下安全防护用品。

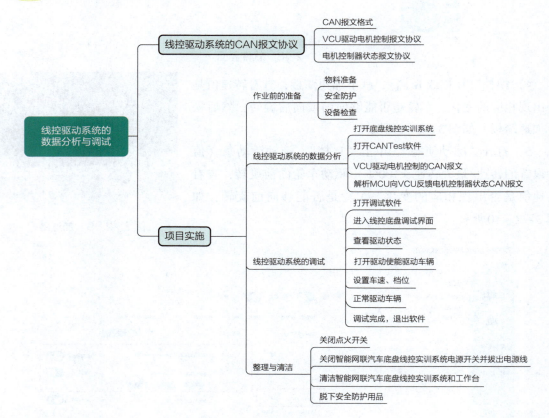

学习任务三
线控驱动系统的故障诊断与排除

引导问题
线控驱动系统由哪几部分组成？自动驾驶模式驱动系统控制电路是什么？

任务场景
一位车主开着他的车辆来到你所在的汽车 4S 店，和你抱怨车辆线控驱动故障，导致车辆无法行驶，让你查查是什么原因，你需要怎么处理？

任务分析
本任务主要学习用智能网联汽车底盘线控实训系统代替客户实车进行实训，你需要通过智能网联汽车底盘线控实训系统确认故障现象，并在智能网联汽车底盘线控实训系统台上结合电路图进行测量，确认故障点，分析具体故障原因并给出解决方案建议。

能力目标
1. 能够利用实训设备独立完成线控驱动系统的故障诊断与排除。
2. 能够利用测量仪表进行线控驱动系统线束电压测量及导通性测量。

知识目标
1. 识读线控驱动系统电路原理图和测试孔。
2. 叙述线控驱动系统常见故障及故障原因。
3. 说出 MCU 针脚定义。
4. 说出线控驱动系统的故障诊断流程及故障排除办法。

素养目标
1. 引导学生学习"机车神医"的学习精神和创新精神，学习国外的技术和工艺流程，为我国故障诊断技术做出贡献。
2. 鼓励学生树立自信心，相信科学知识，帮助学生形成科学思维方法和面对挫折时百折不挠的精神。

知识准备

一、线控驱动系统的组成

1. 人工驾驶模式下的线控驱动系统组成

人工驾驶模式下的线控驱动系统由换档模块、加速踏板模块、整车控制器模块、动力电池模块、驱动电机控制器模块和驱动电机模块组成,如图3-3-1所示。

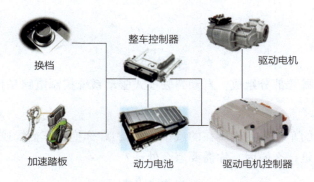

图3-3-1 人工驾驶模式下的线控驱动系统组成

2. 自动驾驶模式下的线控驱动系统组成

自动驾驶模式下的线控驱动系统由感知传感器、计算平台、整车控制器模块、动力电池模块、驱动电机控制器模块和驱动电机模块组成,如图3-3-2所示。

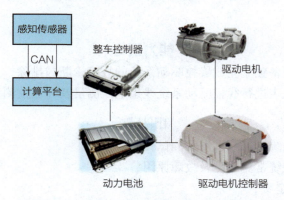

图3-3-2 自动驾驶模式下的线控驱动系统组成

二、线控驱动系统电路图分析

1. 底盘线控实训系统电路图

底盘线控实训系统由线控转向、线控驱动和线控制动组成,电路图如图3-3-3所示。

项目三 线控驱动系统

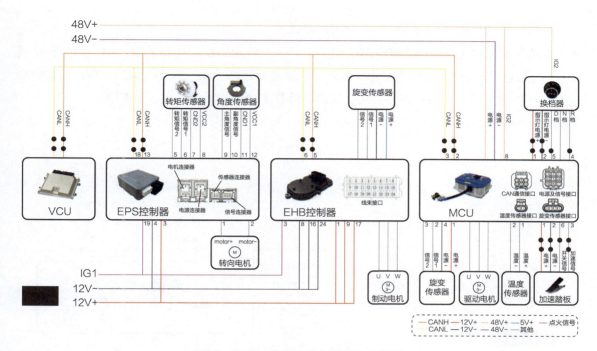

图 3-3-3 底盘线控实训系统电路图

2. 线控驱动系统电路图分析（人工驾驶模式）

人工驾驶模式线控驱动系统电路图如图 3-3-4 所示。在人工驾驶模式中，换档及加速信号通过 CAN 总线传输到 MCU，MCU 控制驱动电机进行线控驱动。人工驾驶模式下 VCU 的作用是监测车辆状态（车辆速度、加速信号、制动信号、高压电池信号等）。

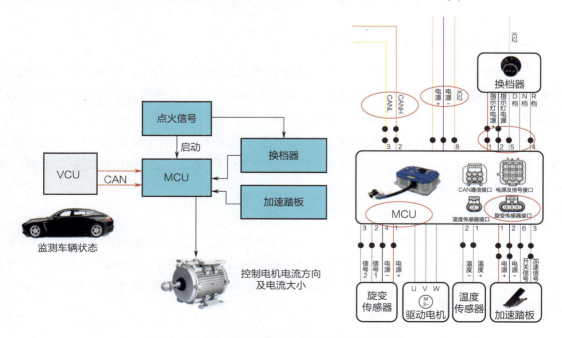

图 3-3-4 人工驾驶模式线控驱动系统电路图

121

3. 线控驱动系统电路图分析（自动驾驶模式）

自动驾驶模式线控驱动系统电路图如图 3-3-5 所示。在自动驾驶模式中，同样也是通过 CAN 总线传输信号，传输流程为环境感知传感器→计算平台→VCU→MCU。在自动驾驶模式下，VCU 除了监测车辆状态外，还会将来自计算平台的驱动信号发送到 MCU。

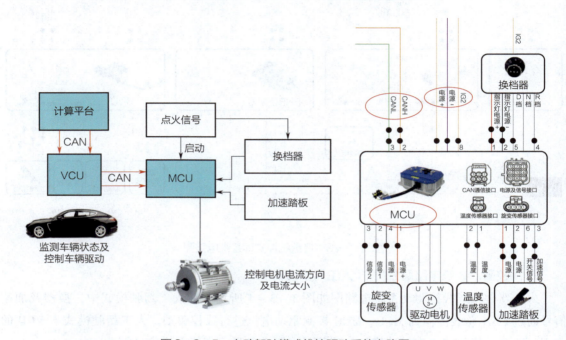

图 3-3-5　自动驾驶模式线控驱动系统电路图

三、线控驱动系统常见故障及分析

人工驾驶线控驱动工作原理：MCU 接收来自点火开关的启动信号、换档信号，以及驾驶人控制加速踏板的信号来控制驱动电机，实现线控驱动。人工驾驶模式下的线控驱动力大小通过加速踏板控制，驱动的方向通过换档器控制。

自动驾驶模式线控驱动原理：由计算平台代替了驾驶人，计算平台通过 CAN 总线将驱动信号发送到 VCU，再由 VCU 通过 CAN 总线将信号发送到 MCU，由 MCU 控制驱动电机，实现线控驱动。

1. 人工驾驶模式换档异常

故障现象：车辆在人工驾驶模式下，无法前进和后退，在自动驾驶模式下正常。

故障分析：由于车辆是在人工驾驶模式下线控驱动出现故障，在自动驾驶模式下正常，可以排除计算平台输出端到 MCU 输入端故障及点火信号故障，故障点应该在 MCU 模块到换档器模块之间，如图 3-3-6 所示。

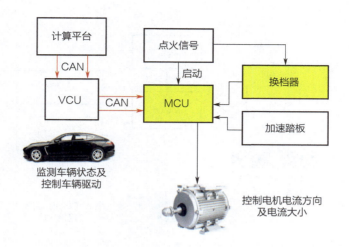

图 3-3-6 人工驾驶模式换档异常故障位置

1) MCU 模块到换档器模块之间出现下列故障会导致人工驾驶模式换档异常：

①换档器电源正极断路。

②换档器指示灯电源正极断路。

③换档器指示灯电源负极断路。

④换档器 D 档信号线断路。

⑤换档器 D 档信号线对负极短路。

⑥换档器 R 档信号线断路。

⑦换档器 R 档信号线对负极短路。

⑧换档器内部故障。

2) 故障修复一般以更换线束、线束插头和维修线束插头、针脚为主，如果是换档器故障需要更换换档器。

MCU 模块到换档器模块之间故障诊断流程：

①使用汽车故障诊断仪，读取驱动系统的故障码，根据故障诊断仪的提示寻找故障。

②根据故障诊断仪的测量结果，使用对应车型维修手册电路图查找故障点，然后进行维修或更换新零件。

③修复故障后，人工驾驶模式下换档正常，仪表盘故障灯熄灭。如果问题得到解决，可以使用诊断仪来清除故障码。如果故障仍然存在，则需进一步分析原因并重复执行以上步骤，直到问题被解决。

2. 人工驾驶模式无法驱动和加速

故障现象：车辆在人工驾驶模式下，无法前进和后退，在自动驾驶模式下正常。

故障分析：由于车辆是在人工驾驶模式下线控驱动出现故障，在自动驾驶模式下正常，可以排除计算平台输出端到 MCU 输入端故障及点火信号故障，故障点应该在加速踏板模块到 MCU 模块之间，如图 3-3-7 所示。

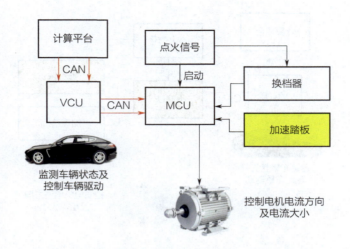

图 3-3-7 人工驾驶模式无法驱动和加速故障位置

1) 加速踏板模块到 MCU 模块之间出现下列故障会导致人工驾驶模式无法驱动和加速:
①加速踏板电源正极断路。
②加速踏板电源负极断路。
③加速踏板加速信号线断路。
④加速踏板加速信号线对负极短路。
⑤加速踏板内部故障。

2) 故障修复一般以更换线束、线束插头和维修线束插头、针脚为主,如果是加速踏板内部故障需要更换加速踏板。

加速踏板模块到 MCU 模块之间故障诊断流程:
①使用汽车故障诊断仪,读取驱动系统的故障码,根据故障诊断仪的提示寻找故障。
②根据故障诊断仪的测量结果,使用对应车型维修手册电路图查找故障点,然后进行维修或更换新零件。
③修复故障后,人工驾驶模式下驱动(前进/后退)正常,仪表盘故障灯熄灭。如果问题得到解决,可以使用诊断仪来清除故障码。如果故障仍然存在,则需进一步分析原因并重复执行以上步骤,直到问题被解决。

3. 人工和自动驾驶模式都无法驱动

故障现象:车辆在人工和自动驾驶模式下,都无法前进和后退。

故障分析:由于车辆是在人工和自动驾驶模式下驱动出现故障,可以排除计算平台输出端到 MCU 输入端故障及点火信号故障,也排除了换档器及加速踏板故障,故障点应该在 MCU 模块到驱动电机模块之间(MCU 内的驱动电机控制模块),如图 3-3-8 所示。

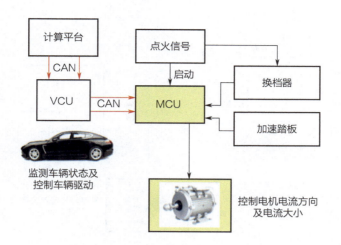

图3-3-8 人工和自动驾驶模式都无法驱动故障位置

1) MCU模块到驱动电机模块之间出现下列故障会导致人工和自动驾驶模式都无法驱动：
①驱动电机控制器电源正极断路。
②驱动电机控制器电源负极断路。
③驱动电机控制器点火信号线断路。
④驱动电机控制器内部故障。

2) 故障修复一般以更换线束、线束插头和维修线束插头、针脚为主，如果是驱动电机控制器内部故障，则需要更换驱动电机控制器。

MCU模块到驱动电机模块之间故障诊断流程：
①使用汽车故障诊断仪读取驱动系统的故障码，根据故障诊断仪的提示寻找故障。
②根据故障诊断仪的测量结果，使用对应车型维修手册电路图查找故障点，然后进行维修或更换新零件。
③修复故障后，人工驾驶与自动驾驶模式下驱动均正常，仪表盘故障灯熄灭。如果问题得到解决，可以使用诊断工具来清除故障码。如果故障仍然存在，则需进一步分析原因并重复执行以上步骤，直到问题被解决。

4. 自动驾驶模式下无法线控驱动，但人工驾驶模式下可以线控驱动

故障现象：车辆在自动驾驶模式下，无法前进和后退，但人工驾驶模式正常。

故障分析：车辆在自动驾驶模式下，无法前进和后退，但人工驾驶模式正常，可以排除计算平台输出端到MCU输入端故障及点火信号故障，也排除了换档器及加速踏板故障，故障点应该在MCU模块到驱动电机模块之间（MCU内的驱动电机控制模块通信故障），如图3-3-9所示。

1) MCU内的驱动电机控制模块出现下列故障会导致自动驾驶模式下无法线控驱动，但人工驾驶模式下可以线控驱动：
①驱动电机控制器CAN-H断路。

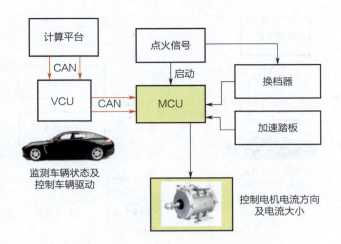

图3-3-9　自动驾驶模式下无法线控驱动，但人工驾驶模式下可以线控驱动故障位置

②驱动电机控制器 CAN-L 断路。
③驱动电机控制器 CAN-H 对负极短路。
④驱动电机控制器 CAN-L 对负极短路。
⑤驱动电机控制器 CAN-H 对正极短路。
⑥驱动电机控制器 CAN-L 对正极短路。
⑦驱动电机控制器 CAN-H 和 CAN-L 短路。

2）故障修复一般以更换线束、线束插头和维修线束插头、针脚为主。

MCU 内的驱动电机控制模块故障诊断流程：

①使用汽车故障诊断仪读取驱动系统的故障码，根据故障诊断仪的提示寻找故障。

②根据故障诊断仪的测量结果，使用对应车型维修手册电路图查找故障点，然后进行维修或更换新零件。

③修复故障后，自动驾驶模式下驱动正常，仪表盘故障灯熄灭。如果问题得到解决，可以使用诊断仪来清除故障码。如果故障仍然存在，则需进一步分析原因并重复执行以上步骤，直到问题被解决。

5. 人工驾驶和自动驾驶线控驱动加速异常，功率被限制

故障现象：车辆在人工和自动驾驶模式下可以线控驱动，但出现加速异常状态，功率被限制。

故障分析：车辆在人工和自动驾驶模式下可以线控驱动，但出现加速异常状态，功率被限制，可以排除计算平台输出端到 MCU 输入端故障及点火信号故障，也排除了换档器及加速踏板故障，故障点应该是 MCU 模块里面的驱动电机旋变传感器通信故障，如图 3-3-10 所示。

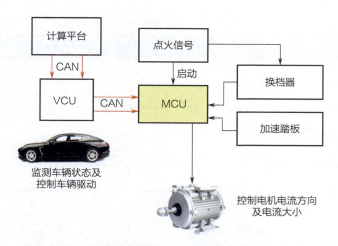

图 3-3-10　人工驾驶和自动驾驶线控驱动加速异常，功率被限制故障位置

1）旋变传感器出现以下故障会导致人工驾驶和自动驾驶线控驱动加速异常，功率被限制：

①驱动电机旋变传感器电源正极断路。

②驱动电机旋变传感器电源负极断路。

③驱动电机旋变传感器信号线 1 断路。

④驱动电机旋变传感器信号线 2 断路。

2）故障修复一般以更换线束、线束插头和维修线束插头、针脚为主。

旋变传感器通信故障诊断流程：

①使用汽车故障诊断仪，读取驱动系统的故障码，根据故障诊断仪的提示寻找故障。

②根据故障诊断仪的测量结果，使用对应车型维修手册电路图查找故障点，然后进行维修或更换新零件。

③修复故障后，线控驱动加速正常，功率限制解除，仪表盘故障灯熄灭。如果问题得到解决，可以使用诊断仪来清除故障码。如果故障仍然存在，则需进一步分析原因并重复执行以上步骤，直到问题被解决。

四、MCU 针脚定义

1. 温度传感器针脚（驱动电机温度传感器）

温度传感器针脚排布如图 3-3-11 所示，各针脚定义见表 3-3-1。

工匠精神：
耐心、细心、虚心

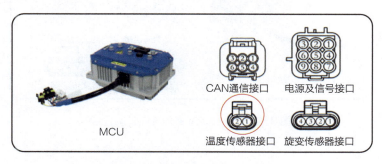

图 3-3-11　温度传感器针脚排布位置

表 3-3-1 温度传感器针脚定义

名称	针脚编号	针脚定义
温度传感器接口	1	电机温度信号 +
	2	电机温度信号 −

2. 旋变传感器针脚

旋变传感器针脚排布如图 3-3-12 所示，各针脚定义见表 3-3-2。

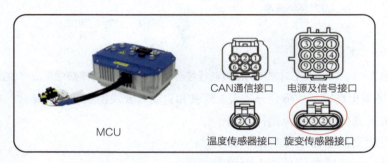

图 3-3-12　旋变传感器针脚排布位置

表 3-3-2　旋变传感器针脚定义

名称	针脚编号	针脚定义
旋变传感器接口	1	旋变传感器供电正极
	2	旋变传感器信号 1
	3	旋变传感器信号 2
	4	旋变传感器供电负极

3. CAN 通信接口针脚

CAN 通信接口针脚如图 3-3-13 所示，各针脚定义见表 3-3-3。

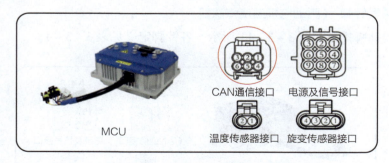

图 3-3-13　CAN 通信接口针脚位置

表 3-3-3　CAN 通信接口针脚定义

名称	针脚编号	针脚定义
CAN 通信接口	1	—
	2	CAN-H
	3	CAN-L
	4	—
	5	—
	6	—

4. MCU 电源及信号接口

MCU 电源及信号接口如图 3-3-14 所示，各针脚定义见表 3-3-4。

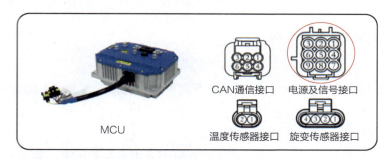

图 3-3-14　MCU 电源及信号接口位置

表 3-3-4　MCU 电源及信号接口定义

名称	针脚编号	针脚定义
电源及信号接口	1	加速度传感器正极（加速踏板信号正极）
	2	加速度传感器负极（加速踏板信号负极）
	3	加速信号
	4	R 档信号
	5	D 档信号
	6	加速踏板开关信号
	7	—
	8	点火信号
	9	—

项目实施

一、线控驱动系统故障诊断与排除流程

线控驱动系统的故障诊断与排除流程，如图 3-3-15 所示。

任务 3.3：
线控驱动系统的
故障诊断与排除

图3-3-15 线控驱动系统的故障诊断与排除流程

二、作业前的准备

1. 物料准备（图3-3-16）

1）防护用品：安全帽、工作手套。
2）设备：智能网联汽车底盘线控实训系统，万用表。
3）辅助材料：清洁抹布。

2. 安全防护

检查并穿戴工作手套和安全帽。

3. 设备检查

1）检查智能网联汽车底盘线控实训系统万向轮是否已锁止，确保万向轮处于锁止状态。
2）万用表检查：
①打开数字万用表，检查电量是否足够。
②将档位调至蜂鸣档，短接红黑表笔，检查数字万用表是否正常，如图3-3-17所示。

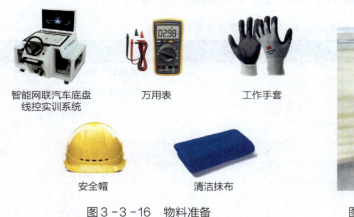

图3-3-16 物料准备

图3-3-17 短接红黑表笔

三、线控驱动系统的故障诊断与排除步骤

1. 打开底盘线控实训系统

1）连接电源线，按下电源开关按钮。
2）打开点火开关，检查换档旋钮的档位是否处于N档，如图3-3-18所示。

图3-3-18 换档旋钮处于N档

2. MCU 故障诊断与排除

（1）确认故障现象

1）打开调试软件。

2）单击软件上"零位标定"选项，然后将转向盘转到零位，进行"零位"标定，再设置速度，操作如图 3-3-19 所示。

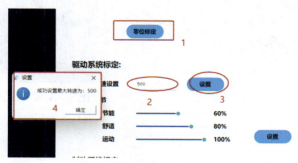

图 3-3-19　底盘标定

3）单击软件上"线控底盘"选项，选择正确的波特率 500k，然后选择开启设备、使用仿真、自动驾驶，操作如图 3-3-20 所示。

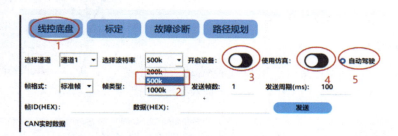

图 3-3-20　启动自动驾驶

4）自动驾驶模式下，车辆不能正常驱动，人工驾驶模式下正常驱动，如图 3-3-21 所示。

（2）故障诊断

1）打开数字万用表并校准。

2）使用蜂鸣档测量 MCU CAN-H 线通断情况，万用表上显示为断路，如图 3-3-22 所示。

3）测量 CAN-L 线通断情况，正常，如图 3-3-23 所示。

4）由于人工驾驶模式下正常，因此 VCU 是正常的。可以判断为 MCU CAN-H 存在断路，导致自动驾驶线控驱动系统故障。

图 3-3-21　确认故障现象
（自动驾驶模式下驱动异常）

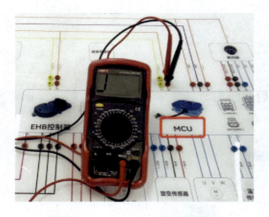

图3-3-22　CAN-H断路　　　　图3-3-23　CAN-L正常

(3) 故障排除与确认

1) 修复故障,再次测量CAN-H通断,显示为接通状态,如图3-3-24所示。

2) 再次读取底盘CAN报文,报文正常,仿真场景中自动驾驶模式驱动正常,说明故障已排除。

3. 旋变传感器的故障诊断与排除

(1) 确认故障现象

车辆在人工和自动驾驶模式下可以线控驱动,但出现加速异常状态,功率被限制,如图3-3-25所示。

图3-3-24　CAN-H正常

图3-3-25　旋变传感器故障现象

（2）故障诊断

1）使用仿真设备上的万用表测量角度传感器供电，为0V，不正常，如图3-3-26所示。

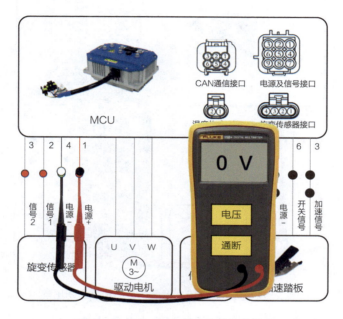

图3-3-26　旋变传感器供电异常

2）测量旋变传感器信号1与负极电阻，为0Ω，正常（可以判断信号1与负极导通），如图3-3-27所示。

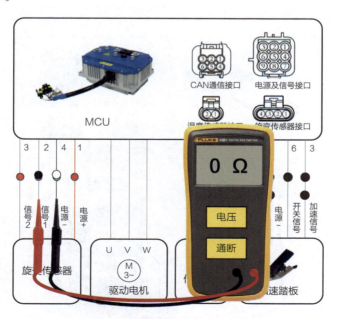

图3-3-27　旋变传感器信号1与负极之间正常

3）测量旋变传感器信号2与负极电阻，为0Ω，正常（可以判断信号2与负极导通），如图3-3-28所示。

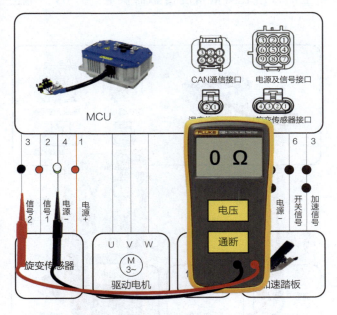

图3-3-28　旋变传感器信号2与负极之间正常

4）可以判断为旋变传感器正极断路导致驱动功率受限制。

（3）故障排除与确认

1）修复故障（故障点为旋变传感器正极断路），再次测量旋变传感器供电，万用表上显示为12V，正常，如图3-3-29所示。

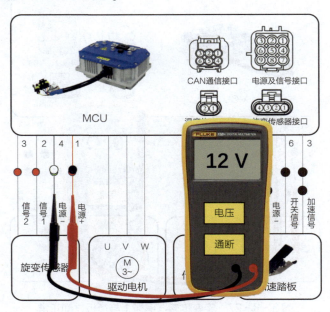

图3-3-29　旋变传感器供电正常

2）重新启动设备，仿真场景中自动驾驶模式及人工驾驶模式加速正常（不同加速踏板开度，车轮速度不同，踩到底部，有明显加速现象），可以判断功率限制解除，说明故障已排除。

4. 换档器故障诊断与排除

（1）确认故障现象

车辆在人工驾驶模式下 D 档驱动异常（车轮不转动，如图 3-3-30 所示），导致车辆不能加速行驶，但在自动驾驶模式下正常。

图 3-3-30　人工驾驶模式驱动异常

（2）故障诊断

1）测量 D 档与档位信号负极之间供电，为 0V，不正常，如图 3-3-31 所示。

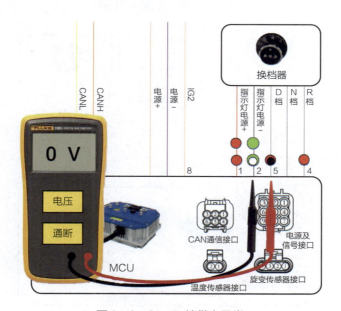

图 3-3-31　D 档供电异常

2）测量 R 档与档位信号负极之间供电，为 12V，正常，如图 3-3-32 所示。

3）因为 D 档供电异常，导致换档异常，人工驾驶模式无法驱动。

（3）故障排除与确认

1）修复故障，再次测量 D 档供电，为 12V，正常，如图 3-3-33 所示。

2）重新启动设备，人工驾驶模式下挂上 D 档，车辆驱动正常（踩下加速踏板加速，车轮转动），说明故障已排除。

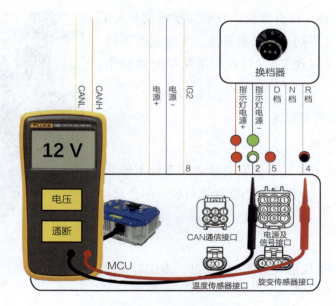

图 3-3-32　R 档供电正常

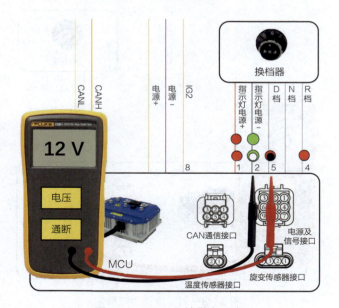

图 3-3-33　D 档供电正常

5. 整理与清洁

1）关闭点火开关。

2）关闭智能网联汽车底盘线控实训系统电源开关并拔出电源线。

3）清洁智能网联汽车底盘线控实训系统和工作台。

4）脱下安全防护用品。

项目三 线控驱动系统

任务小结

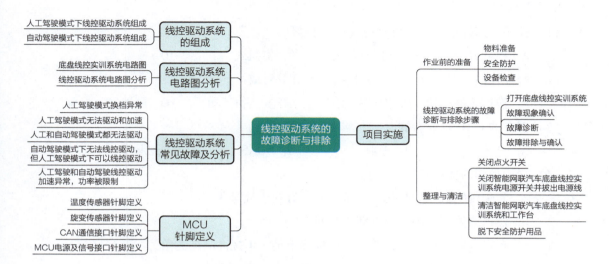

复习题

1. 判断题

（1）驱动系统是将发动机或驱动电机输出的动力，通过一系列的传动装置带动驱动车轮转动，实现汽车的正常行驶。（　　）

（2）当前线控油门或电子节气门技术还没成熟。（　　）

（3）线控油门系统通过 ECU 来调整节气门开度。（　　）

（4）在自动驾驶模式中，线控驱动通过网线传输信号。（　　）

（5）巡航定速是线控油门的基础应用，凡具有定速巡航功能的车辆都配备有线控油门。（　　）

（6）车辆的驱动力由电机及发动机同时或单独供给，即可以单独使用发动机或电机作为动力源。（　　）

（7）对于整车控制器，控制策略的输入信号有加速踏板开度、制动踏板开度、实际档位、车速、电机转速、电机转矩以及电池 SOC 信号等，这些信号经过处理后经由 CAN 总线传入整车控制器，为驱动控制策略的判断和运算提供依据。（　　）

（8）人工驾驶模式下的线控驱动力大小通过加速踏板控制，驱动方向通过转向盘控制。（　　）

（9）线控油门系统是通过 ECU 来调整节气门开度的，其加速踏板产生的位移数据汇总到 ECU，从单纯地以踏板力度控制节气门变成了由数据计算后给出优化的节气门开度，从而提高了燃油经济性。（　　）

137

(10) 线控驱动系统根据结构不同主要分为混合动力驱动系统和纯电动驱动系统两种类型。（　　）

2. 不定项选择

(1) 按照变速杆的形状，可分为（　　）等。
　　A. 档杆式　　　B. 怀档式　　　C. 旋钮式　　　D. 按键式

(2) 线控换档主要由（　　）和档位指示灯等组成。
　　A. 换档选择模块　B. 换档控制单元　C. 换档执行单元　D. 换档显示设备

(3) 现在的C-HUD能看到（　　）信息。
　　A. 车速　　　　B. 导航　　　　C. ADAS　　　　D. 天气

(4) 线控换档的优点有（　　）。
　　A. 省去传统机械式结构，质量更轻，有利于轻量化
　　B. 换档器体积更小，节省储物空间
　　C. 布置位置灵活，形式多变、科技感十足，可提高品牌竞争力
　　D. 便于集成附加功能，如全自动泊车、自动P档请求

(5) 混合动力驱动系统可以分为（　　）。
　　A. 串联式　　　B. 并联式　　　C. 混联式　　　D. 增程式

(6) 电机控制器主要由主控芯片和（　　）组成。
　　A. 信号调理单元　B. 驱动单元　　C. CAN通信单元　D. 预充单元

(7) 自动驾驶模式下线控驱动系统由感知传感器、计算平台和（　　）组成。
　　A. 整车控制器模块　　　　　　　B. 驱动电机控制器模块
　　C. 动力电池模块　　　　　　　　D. 驱动电机模块

(8) 车辆在人工驾驶模式下，无法前进和后退，在自动驾驶模式下正常，可以判断为（　　）故障。
　　A. 加速踏板内部故障　　　　　　B. 换档器D档信号线断路
　　C. 驱动电机控制器电源负极断路　D. 驱动电机控制器CAN－L对正极短路

(9) 车辆在自动驾驶模式下，无法前进和后退，但人工驾驶模式正常，可以判断为（　　）故障。
　　A. 加速踏板内部故障　　　　　　B. 换档器D档信号线断路
　　C. 驱动电机控制器电源负极断路　D. 驱动电机控制器CAN－L对正极短路

(10) 车辆在人工和自动驾驶模式下，都无法前进和后退，可以判断为（　　）故障。
　　A. 加速踏板内部故障　　　　　　B. 换档器D档信号线断路
　　C. 驱动电机控制器电源负极断路　D. 驱动电机控制器CAN－L对正极短路

3. 简答题

（1）简述线控油门的工作原理。

（2）简述传统换档与线控换档的区别。

（3）简述线控换档的工作原理。

 智能网联汽车底盘线控系统装调与测试

项目四 线控制动系统

- 学习任务一　线控制动系统的标定
- 学习任务二　线控制动系统的数据分析与调试
- 学习任务三　线控制动系统的故障诊断与排除

学习任务一
线控制动系统的标定

任务描述

引导问题

汽车线控制动系统的类型、结构及特点是什么？如何对线控制动系统进行标定？

任务场景

现有一位车主反映，他的车辆在某维修店更换了制动系统总成后，发现车辆制动系统出现故障，应该是当时维修人员没有对制动系统进行标定，如果需要你对他的车辆进行制动系统标定，该如何进行？

任务分析

本任务用智能网联汽车底盘线控实训系统代替客户实车进行实训，你需要通过智能网联汽车底盘线控实训系统进行制动系统的标定。

学习目标

能力目标

1. 能描述线控制动系统标定的流程。
2. 能说出 ABS 标定流程。
3. 能叙述 ESC 和 TCS 标定方法。
4. 能对线控制动系统进行标定。

知识目标

1. 说出车辆标定失准现象。
2. 说出 ABS 标定注意事项。
3. 说出线控制动系统的标定流程和注意事项。

素养目标

1. 培养学生解决问题和创造新知识的科学素养。
2. 培养学生的爱国主义精神，有目的、有意识地引导学生形成社会主义核心价值观。

项目四 线控制动系统

知识准备

一、汽车制动系统

1. 汽车制动系统概念和功能

汽车制动系统是指对汽车某些部分（主要是车轮）施加一定的力，从而对其进行一定程度的强制制动的一系列专门装置。其作用主要是使行驶中的汽车强制减速甚至停车，或者使已停驶的汽车在各种道路条件下（包括在坡道上）稳定驻车，以及使下坡行驶的汽车速度保持稳定，如图4-1-1所示。

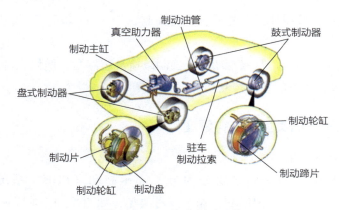

图4-1-1 汽车制动系统

2. 汽车制动系统的发展历程

汽车制动系统最早是机械式制动，然后发展到液压式制动，再到后面的电子控制制动、线控制动，如图4-1-2所示。

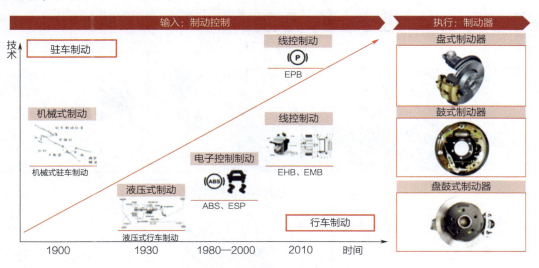

图4-1-2 汽车制动系统的发展历程

143

二、线控制动系统的概念和功能

1. 线控制动的概念

线控制动（Brake-by-Wire）将原有的制动踏板用一个模拟发生器替代，用以接收驾驶人的制动意图，产生、传递制动信号给控制和执行机构，实现汽车的制动，并根据一定的算法模拟反馈给驾驶人，如图4-1-3所示。

图4-1-3　线控制动

2. 线控制动系统的功能

1）人工驾驶模式：按照驾驶人的要求进行强制减速甚至停车。

2）自动驾驶模式：按照路况等自动进行强制减速甚至停车。例如，目前常见的自适应巡航、自动紧急制动等状态下的制动控制功能。

三、线控制动系统的类型及结构原理

1. 线控制动系统的类型

线控制动系统根据结构不同主要分为电子液压制动（EHB）系统、电子机械制动（EMB）系统和混合线控制动（HBBW）系统三种类型，如图4-1-4所示。

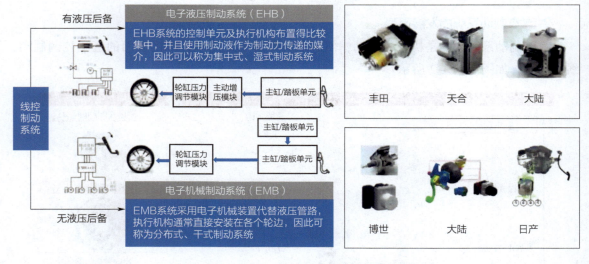

图4-1-4　线控制动系统的类型

2. 电子液压制动（EHB）系统

（1）电子液压制动（EHB）系统的结构原理

EHB系统是在传统液压制动系统的基础上发展而来的，它用一个综合的制动模块（电机、泵、高压蓄能器等）取代了传统制动系统中的压力调节系统和 ABS 模块等，产生并储存制动压力，并可分别对四个轮胎的制动力矩进行单独调节，如图 4-1-5 所示。

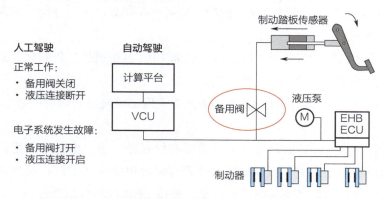

图 4-1-5　电子液压制动（EHB）系统的结构原理

1）用电子踏板取代了传统液压踏板。

2）用电机、电动液压泵等电子元器件取代了传统制动系统中的真空助力器等机械零部件。

3）保留了成熟度高的液压制动部分。

汽车电子液压制动（EHB）系统主要由液压控制模块、制动踏板模块、控制单元、制动器、各类传感器等组成。

液压控制模块：主要包括电机、泵、蓄能器、单向阀、溢流阀、四套结构相同的增/减压电磁阀等。

制动踏板模块：主要包括制动踏板、踏板力传感器、踏板行程模拟器、主缸、电磁阀、储油杯等。

控制单元：接收制动踏板发出的信号、各类车辆状态信号以及反馈信号等进行综合分析和判断，对进出液电磁阀分别进行调节，通过输入 PWM 控制信号给高速开关阀控制各车轮上的制动压力。

工作原理：驾驶人踩下制动踏板，数据采集系统将踏板行程传感器、踏板力传感器的信息和车辆的行驶状态（转向盘转角、轮速、车速、横摆角速度等）信息采集到液压控制单元（HCU）中进行综合分析和判断。当系统需要增压时，HCU 输出 PWM 控制信号，对电磁阀进行控制，使进液阀输入流量增大，出液阀输出流量减小，直到达到所需制动压力；当系统需要保压控制时，HCU 通过对电磁阀进行控制，使增压电磁阀和减压电磁阀输出的流量保持不变；当系统需要减压时，HCU 使进液阀输入流量减小，出液阀输出流量增大，直到达到所需制动压力；当某几个高速开关阀控制回路失效时，HCU 将切换到应急控制模式，制动踏板力的液压管路与应急制动管路连通，踏板力直接通过液压管路加载在制动器上，实现制动。

（2）电子液压制动（EHB）系统的特点

EHB 系统相较于传统制动系统具有很多优点，如结构简单紧凑、制动噪声小、提供更好的踏板感、可分析驾驶人意图判断不同的制动行为等。

1) 优点：

①采用 EHB 控制系统，部件机械特性的变化可由控制算法进行补偿，使制动压力等级和踏板行程始终保持一致。

②传统制动系统的制动特性无法随意改变，而 EHB 系统通过分析驾驶人意图，判断不同的制动行为，并提供最合理的压力变化特性。

③传统的采用真空助力器的制动系统助力能力受发动机转速和负荷的影响，而 EHB 系统的制动能力不受发动机真空度影响。

④由于制动传感器探测的是踏板的运动速度和踏板的行程，电控单元据此进行制动压力调节，制造商可以根据不同的车型以及对驾驶者驾驶习惯的统计，仅仅通过更改控制算法和踏板感觉模拟器提供给驾驶者不同的踏板感觉，使得 EHB 的可移植性好。

⑤EHB 通过正确识别驾驶人意图，对制动力（由踏板行程以及踏板加速度来辨别计算）加以调整，以避免制动力不足。

⑥在需要保持驻车状态时，可以使系统对车轮施加一定的制动力，即使驾驶者松开制动踏板依然能对车轮产生一定的制动压力，减轻驾驶者的负担，提高驾驶舒适性，实现电子驻车控制。

⑦传统制动系统只能在一定程度上实现前后制动压力的分配，而 EHB 系统在四轮压力分配方面有很大的自由度，这在左右附着系数不同的路面上制动时效果显著。

2) 缺点：

①EHB 系统仍然需要液压部件，离不开制动液。

②不容易做到和其他电控系统的整合。

③液压系统的重量对轻量化不利。

3. 电子机械制动（EMB）系统

(1) 电子机械制动（EMB）系统的结构原理

EMB 系统完全摒弃了传统制动系统的制动液及液压管路等部件，由电机驱动制动器产生制动力，是真正意义上的线控制动系统。

EMB 系统内没有液压驱动和控制部分，机械连接只存在于电机到制动钳的驱动部分，由导线传递能量，数据线传递信号，如图 4-1-6 所示。

汽车电子机械制动（EMB）系统主要由车轮制动模块、中央电子控制单元（ECU）、制动踏板模块、通信网络、电源等部分组成。

制动踏板模块：主要包括制动踏板、踏板模拟器、位移/压力传感器等。

车轮制动模块：主要由制动执行器、制动控制器、机械传动机构、传感器（主要有制动力传感器、轮速传感器）等组成。

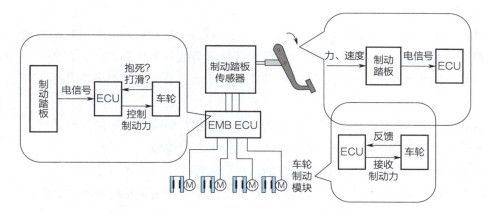

图4-1-6 电子机械制动(EMB)系统的结构原理

中央电子控制单元:负责接收信号,判定驾驶人意图,输出制动指令至制动控制器;统筹整个制动系统。

通信网络:负责将各类信号送至指定部分。

电源:给整个制动系统提供制动力所需的能量。

工作原理:当汽车在不同工况下行驶,有减速需求时,驾驶人会踩下制动踏板,电子制动踏板上的制动踏板传感器检测出踏板加速度、位移以及踏板力的大小等制动信号,ECU通过车载网络接收制动指令信号,综合当前车辆行驶状态下的其他传感器信号并结合相应的意图识别算法识别出驾驶人的制动意图,计算出每个车轮各自实时所需的最佳制动力。四个车轮独立的制动模块,接收ECU的输出信号并控制电机的转速完成转矩响应,然后控制EMB执行器产生相应的制动力实现制动。

(2) 电子机械制动(EMB)系统的特点

EMB系统相较于传统制动系统具有很多优点,如结构更简单、制动响应迅速、维护简单、轻量化等。然而其也存在一些制约其量产落地的技术瓶颈亟待解决,如安全可靠性、制动力不足等。

1) 优点:

①应用线控制动系统能够使车辆结构得到简化:EMB系统的应用可以使汽车省去制动液壶、制动主缸、助力装置、液压阀、复杂的管路系统等。

②极大地缩减制动反应的时间:传统的液压制动系统反应时间大约为400~600ms,EHB大约为120~150ms,而EMB只要90ms,制动距离可以缩短60%,安全性能大幅度提高。

③维护简单:EMB由于没有使用制动液,所以不用担心有液体泄漏,这对电动汽车来说尤其重要,液体泄漏可能导致短路或元件失效,维修起来麻烦且维修成本高。

④轻量化:一系列电子元器件代替了原来笨重的机械助力传动装置,降低了整车的重量,提高了整车的燃油经济性,减小了前后轴的负荷和轮胎的磨损。

⑤制动踏板可调,舒适性和安全性更好,在ABS模式下踏板无回弹振动,几乎无噪声。

2）缺点：

①没有备份系统，对可靠性要求极高。由于不存在独立的主动备用制动系统，不论是 ECU 元件失去效用还是传感器失灵，抑或是制动器本身或线束出现故障，都需要一个备用系统以保障制动的基本性能，在电子控制单元发生故障时，自行启动且不会影响到现有系统的完整性。

②制动力不足，由于制动能量需求较大，需要开发大功率的 42V 高压电系统。

③制动器需要具有更好的安全和可靠性，比如耐高温性等。

④需要更好的抗干扰能力，以抵制车辆运行中遇到的各种干扰信号。

⑤簧下元件振动剧烈，不确定性强；永磁体无论是烧结还是黏结都很难承受强烈振动。

4. 混合线控制动（HBBW）系统

混合线控制动（HBBW）系统的主流布置方式为前轴采用电子液压制动（EHB）系统、后轴采用电子机械制动（EMB）系统。

前轴采用 EHB 系统可以实现前轮单轮制动力调节，同时实现制动失效备份以满足安全可靠要求。后轴采用 EMB 系统，一方面可以缩减制动管路的长度，消除压力控制过程中由于管路过长带来的不确定性（图 4-1-7），另一方面能够使电子驻车制动（EPB）系统更加方便快捷。

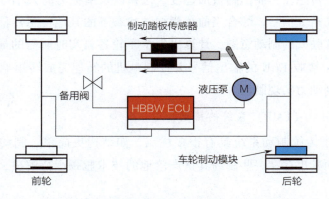

图 4-1-7 混合线控制动（HBBW）系统的结构原理

四、线控制动系统的关键技术

1. 制动力最优分配策略

制动力分配的目的是在驾驶人踩下制动踏板的瞬间，制动系统根据车辆载荷、实际路况和工况等，分别计算出四个车轮制动器制动力，以保证车辆行驶的安全性和稳定性，同时获得最短停车距离。

由于受轮胎和路面附着系数等因素的限制，车轮最大地面制动力应不大于附着力。当地面制动力超过附着力时，车轮会出现抱死拖滑现象（前轮抱死或后轮抱死等）。汽车制动时轮胎不仅滚动还会发生滑动，滑移率大小与附着系数存在一定的关系。

理想状态下汽车制动时前、后制动器制动力呈线性关系,但实际情况会存在一定偏差。

2. 系统安全和容错技术

EMB 系统的应用一直受到安全可靠性的较大影响,因为任何一个电子信号的失效都可能会带来灾难性的后果,故系统安全和容错技术显得尤为重要,其中主要包括软件冗余与硬件冗余。

考虑到 EMB 系统的实时性和成本等因素,对制动踏板模块、ECU 模块、通信网络以及电源模块进行双冗余设计,可有效提高系统的可靠性。

EMB 系统制动踏板模块采用双冗余结构,同构的双机同时工作,根据预先设定的自诊断策略和故障判定策略对工作结果进行比较输出。

(1) 软件容错设计

由于硬件制造技术水平的提高和硬件容错技术的成熟,软件错误将成为导致系统失效的主要原因。因此,要求 EMB 系统软件具有较强的容错能力。

(2) 硬件容错设计

1) 考虑到轮毂空间有限、车轮制动器本身的冗余性(即当一个车轮制动器失灵时,通过制动力分配,汽车可在其余三个制动器作用下实现制动),故车轮制动器模块没有进行硬件双冗余设计。

2) 踏板传感器组采用三种不同类型的传感器,即位移传感器、角度传感器和压力传感器。这样设计的目的是抵消单一类型传感器共态故障的影响,以提高系统的可靠性。同时,由于三个传感器的信号之间存在一定的对应关系,故通过信号的比对还可识别出传感器的故障。

3) 为满足 EMB 系统高可靠性和实时性要求,各节点采用实时嵌入式系统设计方案,而双机容错控制系统则整合计算机硬件级、操作系统级以及应用级的容错技术,在实现双机系统隔离的同时,通过通信方式实现不同处理机的互联,为在硬件容错中结合软件容错提供可能。

4) 通信网络可选用 CAN FD。

(3) 双机系统运行状况定义

1) 任何时刻都以主机的运行结果作为系统输出,主机运行到检测点即向备用机发送日志,备用机更新日志列表。

2) 若 A 机和 B 机均运行正常,则将 A 机作为主机,B 机为备份。

3) 若 A 机正常而 B 机有故障,则将 A 机作为主机,同时 B 机将故障状况报告 A 机,并对 B 机进行复位控制操作。

4) 若 A 机故障而 B 机正常,则将 B 机作为主机,同时 A 机进行复位控制操作。

五、线控制动系统的发展趋势

1. L3/L4 级别下线控制动技术方案

L3/L4 级别下线控制动系统总体技术路线选用 EHB 方案（EMB 短时间内无法量产），架构采用主制动系统＋辅制动系统设计，如图 4-1-8 所示。

冗余设计：

主辅制动系统设计
技术路线选用EHB方案，采用主制动系统+辅制动系统双设计。主辅系统均具有独立制动的能力，且两者互相监测对方状态，任何一方出现故障，另一方可做到实时制动

双电源设计
L3/L4级别下可采用48V电源方案，双电源备份设计。当主电源故障或供电不足时，备用电源可直接工作

主制动系统ECU采用双芯片设计
将控制系统进行双份设计，即芯片、电路板等均用两套零件。其中，主芯片和冗余芯片需要运行不同的算法，且运算后的指令需要进行相互比较

总线技术：L3选用 CAN FD，L4选用 CAN FD或车载以太网

图 4-1-8　L3/L4 级别下线控制动技术方案

2. L5 级别下线控制动系统将选用轮毂电机技术

1）总体结构：随着核心技术的逐渐突破，L5 阶段轮毂电机将是汽车制动系统的制动力来源。

2）冗余设计：对 ECU 同样进行冗余设计，可选用高性能多核芯片，且采取双层甚至三层备份；软件算法的选取也要兼顾容错特性。

3）总线技术：车载以太网。

4）电源：双 48V 电源设计。

六、ESC 标定方法

1. 标定流程

根据电控系统的 V 字形开发流程，当系统的硬件和软件设计完成后，需要将软件与硬件系统匹配，也就是标定阶段。软件开发初期，软件开发工程师并不能确切地知道使得功能最优的每一个控制参数的精确值，但是为了保证基本功能的实现，就先将这些变量设计成标定量。

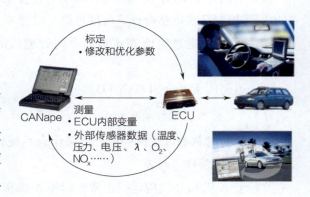

图 4-1-9　标定过程

在标定阶段，通过试验调整优化这些参数，因此，标定人员的经验也很重要，标定的过程如图 4-1-9 所示。

对某个电控系统进行标定的大体过程如图 4-1-10 所示。首先是 ECU 程序的配置，为

了方便程序的调试,有时候需要设置一些标志位,指示标定参数是否起作用;其次是实车试验,每一次标定都需要通过试验验证标定参数的有效性;采集试验数据,利用其他辅助的数据采集工具采集相关参数;分析控制效果,根据控制系统的特点和原理,对采集到的数据进行分析,并进一步优化调整标定参数;修改控制参数,再回到配置 ECU 程序。反复循环这样一个过程,直到获得理想的控制效果。标定工作的实质就是对控制参数进行选择、测试、评估、优化的一个过程。

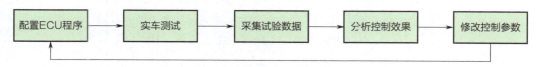

图 4-1-10　标定操作基本流程

完整的 ESC 及相关附加功能的标定一般需要两夏一冬(约 8~12 个月)的标定周期。

第一次夏季试验标定,主要进行车辆静态、动态数据采集及整车建模。第一次夏季匹配的工作量最大,因为很多传感器参数都需要标定,如距离、转向盘转角与车身偏航角的关系,就需要"蜗牛实验"来反复标定,因为这是后期车辆纠偏的基本参考量,类似的还有车身 Yaw-G 传感器的位置标定。在完成这些基本的标定工作之后,接下来便是标定 ESP 的功能项了。

冬季标定,主要进行 ABS/ESC/TCS 及其他附加功能冰雪路面标定及试验。

第二次夏季标定,主要进行 ABS/ESC/TCS 及其他附加功能的高附着路面性能确认及验证试验。

2. 车辆标定

对于夏季试验场(图 4-1-11),主要需要可以发挥 ESC 性能的高附着路面(路面附着系数在 1.0 以上),比如直线性能路(双车道 2km 以上)、动态广场(Ø300m)、坡道(3%~40% 各种坡度)。

对于冬季试验场,主要需要测试 ESC 性能的低附着路面、对开对接测试路面。主要有 ABS/TCS 对开对接路、坡道、冰面、雪面、冰雪圆、操稳道等。

图 4-1-11　汽车试验场

(1) ABS 标定

ABS 标定,主要是进行高附着路面标定和低附着路面标定。高附着路面标定,主要是标定 ABS 直线制动性能,调整 ABS 的建压梯度控制、压力循环控制、滑移率控制。同时 EBD 标定主要是调整制动压力的梯度和 ABS 进入点、退出点控制。低附着路面标定,主要是在冰面、雪面、对开对接路面上,测试 ABS 路面识别控制、偏航率控制、路面转换识别控制等。

在 ABS 标定过程中,摩擦片的温度应控制在 100℃ 以内。整车性能指标主要是制动减速度、制动距离和整车的偏航率。

(2) ESC 和 TCS 标定

首先，需要建立整车模型。在车辆稳态情况下，对各种转向盘转角输入和车速进行偏航率数据采集，建立车辆稳态模型，如图4-1-12所示。

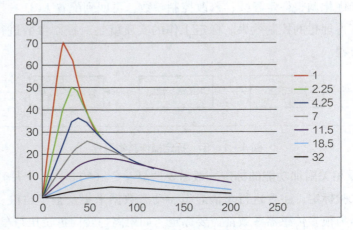

图4-1-12 汽车稳态模型

转向盘瞬态变化输入情况下，对车辆偏航率数据进行采集，建立车辆动态模型，如图4-1-13所示。

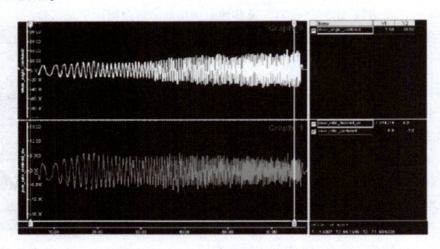

图4-1-13 车辆动态模型

模型建立后，在各种路面上进行 ESC 和 TCS 标定，主要是介入的时机标定和强度标定。涉及的路面主要有干燥沥青路面、湿沥青路面、碎石路面、抛光冰面、压实雪面、对开路面、对接路面、对开坡道、颠簸路、斜坡路等。驾驶人主要进行的操作有单变道（90°、135°、180°、270°）、双变道（90°、135°、180°、270°）、蛇形、环形（低附冰雪路面）、阶跃转向（90°、135°、180°）、缓慢过弯、斜坡路验证（高环道路）、ESC+ABS（轻踩制动单变道、轻踩制动双变道、紧急制动单变道、紧急制动双变道）、ESC+TCS（全油门加速过弯、半油门加速过弯、全油门加速变道、半油门加速变道）。

在标定过程中，ESC 监控的整车性能指标是最大侧偏角和侧偏角速率；TCS 监控的性能指标主要是加速度、偏航率、反应时间。

世界各大整车测评机构普遍采用正弦停滞试验方法对 ESC 进行符合性测试。评价指标主要包括侧向稳定性和转向机动性两个方面。

侧向稳定性评价指标：车辆横摆角速度在正弦停滞转向输入完成后的 1s 时刻，不能超过转向盘转角换向后的第一个横摆角速度峰值的 35%；车辆横摆角速度在正弦停滞转向输入后的 1.75s 时刻，不能超过转向盘转角换向后的第一个横摆角速度峰值的 20%。

转向机动性评价指标：对于整备质量小于 3.5t 的车辆，在转向开始后的 1.07s 时刻车辆重心位置与初始直线路径的侧向位移量不小于 1.83m；对于整备质量大于 3.5t 的车辆，侧向位移至少应为 1.52m。

七、标定失准的异常现象

车辆行驶时，导致车辆失稳的情况很多，如路面附着系数的改变、转弯制动、紧急避让等，下面给出了几组具体情况的分析。

1) 前后轴荷转移引起汽车的转向特性的改变。当汽车在弯道上高速制动时，前轴垂直载荷明显增加，后轴垂直载荷相应减小，由于轴荷的改变会引起车轮侧偏刚度的改变，在一定范围内，轴荷增大则侧偏刚度增大，轴荷减小则侧偏刚度减小，从而导致前轴侧偏角减小，后轴侧偏角增加，引起汽车过度转向增加，如果此时后轴轮胎侧偏力达到极限，车辆将失稳而发生后轴侧滑，引起汽车甩尾。

2) 在湿滑路面上转弯行驶时，由于路面附着系数较小，无法产生足够的侧向力供车辆转向，此时驾驶人容易过度打转向盘，导致前轴轮胎很快趋于饱和而发生侧滑，从而失去转向能力。

3) 高速行驶时紧急避让。驾驶人发现障碍物后进行紧急避让，首先向左打转向盘，然后迅速向右打转向盘，在这个过程中，转向盘转向快速变换，而由于横摆相应滞后使得后轮侧向力不能迅速改变方向，此时前后轴侧向力产生的横摆力矩方向一致，导致汽车产生很大的质心侧偏角，从而失稳。

由于标定的失准，车辆控制参数的不准确会造成各种各样的问题。

1) ABS 在工作过程中，车轮容易出现抱死或短时抱死现象，ABS 工作较为粗暴。

在低附着路面低速行驶时，正常制动的情况也容易抱死，说明 ABS 没有起到相应的调节作用，或者 ABS 的介入时机不对。通过对硬件系统和软件程序分析后发现，电磁阀控制模型中的阀特性曲线与试验车不匹配，因此对轮缸压力造成了很大影响。

2) 电磁阀线圈的驱动程序与实际硬件不匹配，通过实际验证发现，程序计算得到的 PWM 信号并不能让电磁阀线圈产生吸力从而使电磁阀动作，这就使轮缸压力产生较大的波动，影响 ABS 的制动效果。因此，需要对电磁阀驱动程序中输出 PWM 信号的占空比进行标定。

项目实施

一、线控制动系统的标定流程

线控制动系统的标定流程如图 4-1-14 所示。

任务 4.1：
线控制动系统的
标定与调试

图 4-1-14 线控制动系统的标定流程

二、作业前的准备

1. 物料准备（图 4-1-15）

1）防护用品：安全帽、工作手套。
2）设备：智能网联汽车底盘线控实训系统。
3）辅助材料：清洁抹布。

图 4-1-15 物料准备

2. 安全防护

检查并穿戴工作手套和安全帽。

3. 设备检查

检查智能网联汽车底盘线控实训系统万向轮是否已锁止，确保万向轮处于锁止状态。

三、线控制动系统的标定

1. 打开底盘线控实训系统

1）连接电源线，按下电源开关按钮。
2）打开点火开关，检查换档旋钮的档位是否处于 N 档，如图 4-1-16 所示。

2. 线控制动系统的标定步骤

1）打开调试软件，如图 4-1-17 所示。

图 4-1-16 换档旋钮处于 N 档

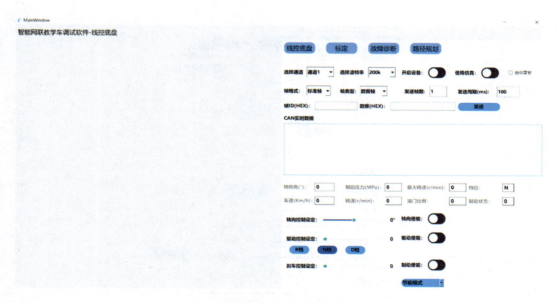

图 4-1-17　调试软件

2）单击右上方信息栏的"线控底盘"进入线控底盘调试界面，选择 CAN 通道 1，将波特率调整为 500k，单击"开启设备"按钮，下方的 CAN 数据会实时地刷新，如图 4-1-18 所示。

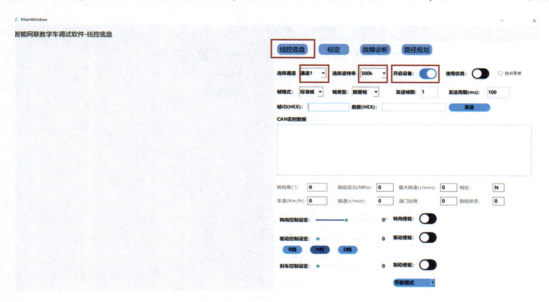

图 4-1-18　软件界面

3）单击右上方边栏的"标定"进入线控底盘标定界面，先设置制动系统最大压力（设置范围为 0~60），单击"设置"，如果弹出成功的弹窗代表设置成功，如图 4-1-19 所示。

4）单击右上方信息栏的"线控底盘"返回线控底盘调试界面。

5）踩下制动踏板，并逐渐踩到底，查看调试界面中的制动压力是否为设置的最大压力值，如图 4-1-20 所示。

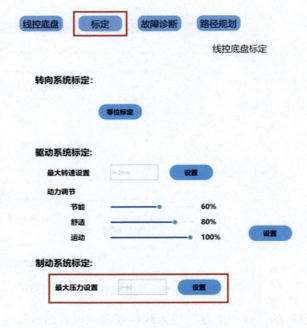

图4-1-19　标定界面

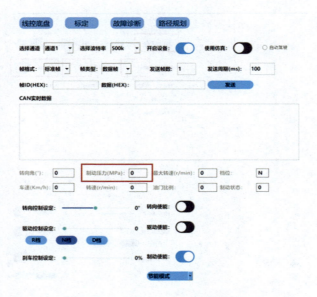

图4-1-20　制动系统标定

6）标定成功，关闭设备，把档位挂到N档，退出调试软件。

3. 整理与清洁

1）关闭点火开关。
2）关闭智能网联汽车底盘线控实训系统电源开关并拔出电源线。

3）清洁智能网联汽车底盘线控实训系统和工作台。
4）脱下安全防护用品。

任务小结

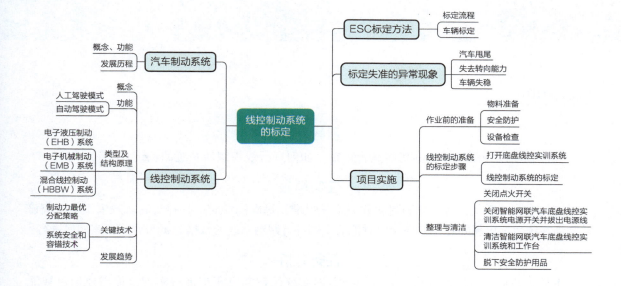

学习任务二
线控制动系统的数据分析与调试

任务描述

引导问题
如何判断线控制动系统的功能是否正常？如何进行线控制动系统的调试？

任务场景
有一个客户反映，他的车辆制动数据不是很准，每次制动时，都感觉制动效果不好，应该是制动系统数据出现问题，如果让你对他的车辆进行制动系统的数据分析与调试，该如何进行？

任务分析
本任务我们用智能网联汽车底盘线控实训系统代替客户实车进行实训，你需要通过智能网联汽车底盘线控实训系统完成数据分析与调试。

学习目标

能力目标
1. 能利用 CAN 软件将调试数据解析成 CAN 报文，完成线控制动系统的控制。
2. 能够根据当前 EBS 反馈的信息，计算出 EBS 向 VCU 发送的数据。
3. 能利用实训设备完成线控制动系统的调试。

知识目标
1. 描述线控制动系统的 CAN 报文协议。
2. 说出线控制动系统的通信原理。
3. 说出线控制动系统数据分析的步骤与方法。
4. 说出线控制动系统调试的步骤与方法。

素养目标
1. 增强学生的责任意识和创新意识。
2. 讲述郑志明从一名职高毕业的普通钳工成长为集团首席技能专家的故事，引导学生树立正确的职业观，提升学生践行社会主义核心价值观的自觉意识。

知识准备

线控制动系统的 CAN 报文协议

线控制动系统的 CAN 报文协议格式为 Motorola 格式编码，帧格式为标准帧。

1. VCU 向 EBS 发送 CAN 报文协议

报文协议见表 4-2-1。

表 4-2-1　VCU 向 EBS 发送 CAN 报文协议

发送方	接收方	ID	周期/ms	字节		定义	格式
VCU	EBS	0x364	20	Byte0		外部制动压力请求	设置外部制动压力请求，最大值为 60，最大压强指令对应 0x3C
				Byte1	bit0	外部制动压力请求有效	0：无效；1：有效
					bit1~bit3	预留	—
					bit4~bit7	EBS 工作模式请求	3：就绪；7：Run
				Byte2		预留	—
				Byte3	bit0、bit1	预留	—
					bit2	驾驶模式输入	0：人工（包括遥控器模式）；1：自动
					bit3	预留	—
					bit4、bit5	VCU 工作状态信号	0：未初始化；1：可靠的；2：降级（保留）；3：故障
					bit6、bit7	钥匙使能信号	0：OFF；1：ACC；2：ON；3：CRANK
				Byte4		预留	—
				Byte5		预留	—
				Byte6		预留	—
				Byte7	bit0~bit3	生命信号	—
					bit4~bit7	预留	—

2. EBS 向 VCU 发送 CAN 报文协议

报文协议见表 4-2-2。

表 4-2-2　EBS 向 VCU 发送 CAN 报文协议

发送方	接收方	ID	周期/ms	字节		定义	格式
EBS	VCU	0x289	10	Byte0	bit0~bit6	制动压力反馈	—
					bit7	预留	—
				Byte1	bit0、bit1	预留	—
					bit2	制动灯信号	0：无效；1：有效
					bit3	预留	—
					bit4~bit7	EBS 工作状态	1：初始化；2：备用；3：就绪，6：Run；7：失效；8：关闭
				Byte2		预留	—
				Byte3	bit0、bit1	预留	—
					bit2	外部制动请求优先（表征自动驾驶系统请求与驾驶人请求同时存在时执行哪个请求）	0：踏板请求；1：自动驾驶系统请求
					bit3	预留	—
					bit4	驾驶人干预信号	0：闲置；1：有效
					bit5	仪表警告灯	0：闲置；1：有效
					bit6	制动踏板是否被踩下	0：闲置；1：有效
					bit7	制动踏板是否被踩下有效	0：无效；1：有效
				Byte4		故障信号 1	0x00 表示无故障
				Byte5		故障信号 2	0x00 表示无故障
				Byte6		预留	—
				Byte7	bit0~bit3	生命信号	—
					bit4~bit7	预留	—

项目四 线控制动系统

项目实施

一、线控制动系统的数据分析与调试流程

线控制动系统的数据分析与调试流程如图4-2-1所示。

任务4.2：
线控制动系统的
数据分析

图4-2-1 线控制动系统的数据分析与调试流程

二、作业前的准备

1. 物料准备（图4-2-2）

1）防护用品：安全帽、工作手套。
2）设备：智能网联汽车底盘线控实训系统。
3）辅助材料：清洁抹布。

图4-2-2 物料准备

2. 安全防护

检查并穿戴工作手套和安全帽。

3. 设备检查

检查智能网联汽车底盘线控实训系统万向轮是否已锁止，确保万向轮处于锁止状态。

三、线控制动系统的数据分析

1. 打开底盘线控实训系统

1）连接电源线，按下电源开关按钮。
2）打开点火开关，检查换档旋钮的档位是否处于N档，如图4-2-3所示。

2. 线控制动系统的数据分析步骤

假设现在需要通过CANTest软件来控制线控制动系

图4-2-3 换档旋钮处于N档

161

统,并且在 CANTest 软件界面查看线控制动系统反馈回来的报文,并将报文解析成真实的数据。

1)打开 CANTest 软件。

2)波特率选择 500k,勾选"选择所有 CAN",然后单击"确定并启动 CAN",如图 4-2-4 所示。

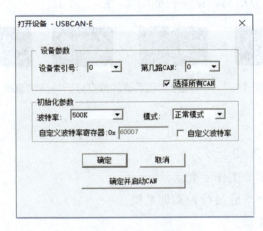

图 4-2-4 启动 CAN

3)VCU 向 EBS 发送 CAN 报文。设置驾驶模式为自动驾驶,外部制动压力请求为 1MPa,见表 4-2-3。

表 4-2-3 VCU 向 EBS 发送 CAN 报文

字节	计算	数据
Byte0	Byte0 用来设置外部制动压力请求:1MPa×10(系数)= 10,因此数值为 10,将十进制数值 10 换算成十六进制数为 0A	0x0A
Byte1	Byte1 用来设置外部制动压力请求有效和 EHB 工作模式请求:如使制动工作正常,需先将外部制动压力请求有效设置成有效,则 bit0 = 1;EHB 工作模式请求设置为 Run,则 bit4~bit7 = 7,转换成二进制 bit4~bit7 = 0111;其余位为预留位,默认为 0,则 Byte1 等于 01110001,换算成 16 进制为 0x71	0x71
Byte2	Byte2 为预留字节,默认 Byte2 = 0x00	0x00
Byte3	Byte3 用来设置驾驶模式、VCU 工作状态信号、钥匙使能信号:驾驶模式为自动,则 bit2 = 1;VCU 工作状态信号为可靠,则 bit4、bit5 = 1,转换成二进制 bit4、bit5 = 01;钥匙使能信号为 CRANK(启动),则 bit6、bit7 = 3,转换成二进制 bit6、bit7 = 11;其余位为预留位,默认为 0,则 Byte3 则等于 11010100,换算成 16 进制为 0xD4	0xD4
Byte4	Byte4 为预留字节,默认 Byte4 = 0x00	0x00
Byte5	Byte5 为预留字节,默认 Byte5 = 0x00	0x00
Byte6	Byte6 为预留字节,默认 Byte6 = 0x00	0x00
Byte7	生命信号从 0x00 开始发送	0x00

根据表 4-2-3 可知，使用 CANTest 软件发送的报文为 0A7100D400000000，ID 号为 0x364，帧类型选择"标准帧"，帧格式选择"数据帧"，发送次数和每次发送的帧数可随意选择，每次发送间隔为 20ms，设置完成后，单击"发送"，如图 4-2-5 所示。

图 4-2-5　VCU 向 EBS 发送 CAN 报文

4）解析 EBS 向 VCU 反馈的 CAN 报文。

任务实施：捕捉数据有两种方法，方法一为通过单击"停止"按钮暂停数据更新，在 CANTest 软件界面的数据接收区查看 ID 为 0x289 的 CAN 报文；方法二是通过单击"DBC"，查看 ID 为 0x289 的 CAN 报文，如图 4-2-6 所示，然后再进行数据分析。由于 CANTest 软件界面的数据接收区的数据包括不同 ID 的报文，且是实时更新的，很难捕捉到，因此推荐使用方法二进行数据解析，见表 4-2-4。

图 4-2-6　EBS 向 VCU 反馈的 CAN 报文（方法二）

表 4-2-4　EBS 向 VCU 反馈的 CAN 报文计算

字节	数据	解析
Byte0	0x0E	Byte0 用来反馈制动压力，将 0E 转换成二进制数为 00001110，解析其代表的含义：bit0~bit6 = 0001110；转换成十进制数为 14，代表制动压力反馈为 14×0.1 = 1.4MPa；bit7 = 00，为预留位
Byte1	0x34	Byte1 用来反馈制动灯信号、EBS 工作状态等，0x34 转换成二进制数为 00110100，解析其所代表的含义：bit0、bit1 = 00，为预留位；bit2 = 1，代表制动灯信号有效；bit3 = 0，为预留位；bit4~bit7 = 0011，转换成十进制数为 3，代表 EBS 工作状态为就绪
Byte2	0x00	预留字节
Byte3	0x00	Byte3 用来反馈外部制动请求优先、驾驶人干预信号、仪表警告灯状态、制动踏板是否被踩下、制动踏板被踩下是否有效，将 0x00 转换成二进制数为 00000000，解析其所代表的含义：bit0、bit1 = 00，为预留位；bit2 = 0，代表外部制动请求优先为踏板请求；bit3 = 0，为预留位；bit4 = 0，代表驾驶人干预信号闲置；bit5 = 0，代表仪表警告灯闲置；bit6 = 0，bit7 = 0，代表制动踏板闲置
Byte4	0x00	Byte4 用来反馈故障码 1，代码 0x00 表示无故障
Byte5	0x00	Byte5 用来反馈故障码 2，代码 0x00 表示无故障
Byte6	0x18	预留字节
Byte7	0x00	生命信号从 0x00 开始发送

注意：每次发送制动指令后，需恢复初始状态，发送的报文为0000000000000000，如图4-2-7所示。

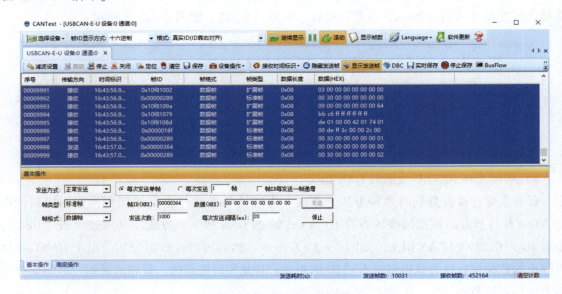

图4-2-7 恢复初始状态

5）完成数据分析后，关闭CANTest软件。

3. 线控制动系统的调试

1）打开调试软件。

2）单击"线控底盘"进入线控底盘调试界面，选择CAN通道1，将波特率调整为500k，单击"开启设备"按钮，左侧的CAN数据会实时地刷新，如图4-2-8所示。

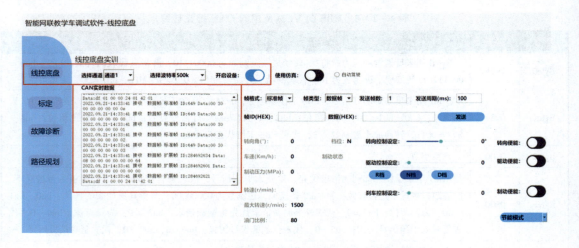

图4-2-8 软件界面

3）查看信息栏中的制动压力是否为0MPa，如图4-2-9所示。

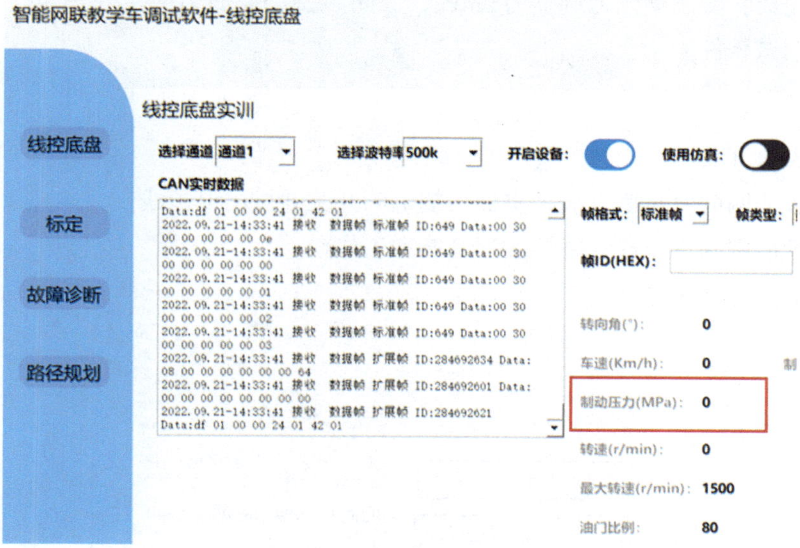

图4-2-9　调试界面

4）打开"驱动使能",单击"D档"或"R档",拖动滚动条驱动车轮旋转。

5）人工踩下制动踏板（图4-2-10）,查看车轮是否减速,然后松开制动踏板。

6）打开"制动使能",拖动滚动条进行制动控制,查看车轮是否有减速趋势。若车轮存在减速趋势,则说明线控制动系统工作正常,如图4-2-11所示。

注意：制动控制设定值越大,制动压力越大,车轮转速会迅速变小,直至停止。

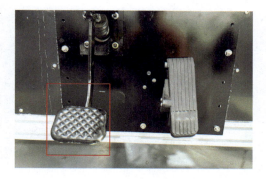

图4-2-10　人工踩下制动踏板

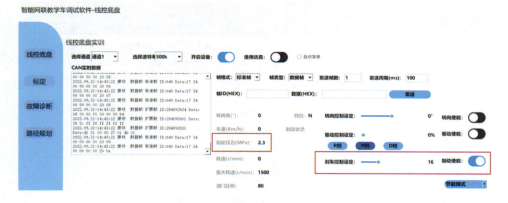

图4-2-11　上位机制动使能

7）调试完成，将制动压力调整为0MPa，关闭"制动使能"。

8）退出调试软件。

4. 整理与清洁

1）关闭点火开关。

2）关闭智能网联汽车底盘线控实训系统电源开关并拔出电源线。

3）清洁智能网联汽车底盘线控实训系统和工作台。

4）脱下安全防护用品。

任务小结

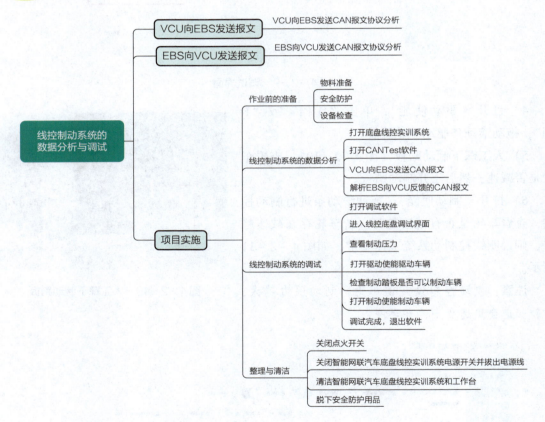

学习任务三
线控制动系统的故障诊断与排除

任务描述

引导问题

线控制动系统由哪几部分组成？自动驾驶模式制动系统控制电路是什么？

任务场景

一位车主拨通了你所在的汽车4S店救援电话，和你说他的车在路上出现制动系统故障，请求救援，让你看看是什么故障，需要怎么处理？

任务分析

本任务我们用智能网联汽车底盘线控实训系统代替客户实车进行实训，你需要通过智能网联汽车底盘线控实训系统确认故障现象，在智能网联汽车底盘线控实训系统台上结合电路图进行测量，确认故障点，分析具体故障原因并给出解决方案建议。

学习目标

能力目标

1. 能利用实训设备独立完成线控制动系统的故障诊断与排除。
2. 能利用测量仪表进行线控制动系统线束电压测量及导通性测量。

知识目标

1. 识读线控制动系统电路原理图和测试孔。
2. 说出线控制动系统常见故障及故障原因。
3. 说出 EHB 控制器针脚定义。
4. 说出线控制动系统的故障诊断流程及排除办法。

素养目标

1. 激发学生民族自尊心、自信心和自豪感,坚定"四个自信",提升学生的爱国情怀和学习动力,为底盘线控技术更好的发展贡献自己的力量。
2. 鼓励学生树立自信心,相信科学知识,帮助学生形成科学思维方法和面对挫折时百折不挠的精神。

知识准备

一、线控制动系统的组成

1. 人工驾驶模式下线控制动系统组成

人工驾驶模式下线控制动系统由液压控制模块、制动踏板模块、VCU 模块、制动控制单元、制动器、各类传感器等组成,如图 4-3-1 所示。

2. 自动驾驶模式下线控制动系统组成

自动驾驶模式下线控制动系统由感知传感器、计算平台、VCU 模块、液压控制模块、制动控制单元、制动器、各类传感器等组成,如图 4-3-2 所示。

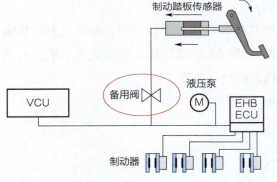

图 4-3-1 人工驾驶模式下线控制动系统组成

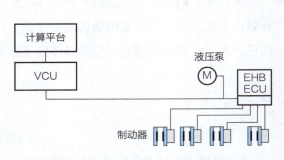

图 4-3-2 自动驾驶模式下线控制动系统组成

二、线控制动系统电路图分析

1. 底盘线控实训系统电路图

底盘线控实训系统电路图如图 4-3-3 所示。

2. 线控制动系统电路图分析(人工驾驶模式)

人工驾驶模式线控制动系统电路图如图 4-3-4 所示。在人工驾驶模式下,作用在制动踏板上的力对电磁阀进行控制,使进液阀输入流量增大,出液阀输出流量减小,直到达到所需制动压力,实现制动。人工驾驶模式下 VCU 的作用是监测车辆状态(转向盘转角、轮速、车速、横摆角速度等)。

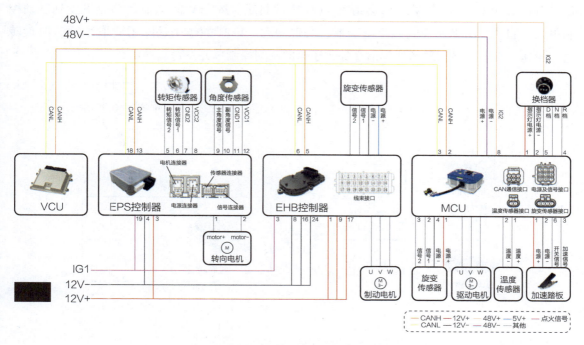

图4-3-3 底盘线控实训系统电路图

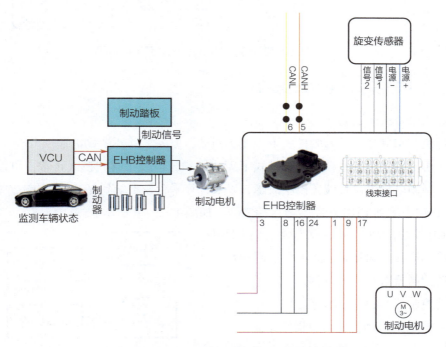

图4-3-4 人工驾驶模式线控制动系统电路图

3. 线控制动系统电路图分析（自动驾驶模式）

自动驾驶模式线控制动系统电路图如图4-3-5所示，环境感知传感器将感知到的危险信号发送给计算平台，计算平台会请求 VCU 执行制动，然后 VCU 将制动命令下发到制动控制单元，制动控制单元控制四个制动器，实现制动。VCU 的作用是除了获取车辆转向盘转角、轮速、车速、横摆角速度等信息外，还会向制动控制单元发送制动命令。

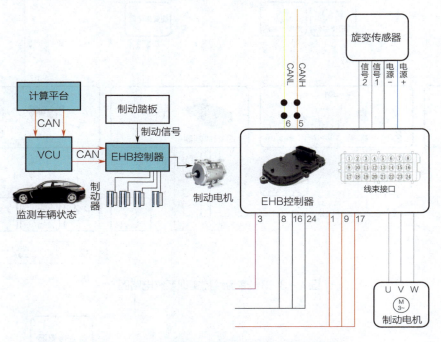

图 4-3-5　自动驾驶模式线控制动系统电路图

三、线控制动系统常见故障及分析

1. 自动驾驶模式无法制动

故障现象：车辆在自动驾驶模式下，无法制动，但人工驾驶模式正常。

故障分析：由于车辆在自动驾驶模式下无法制动，但人工驾驶模式正常，可以排除制动踏板模块、制动电机模块及液压模块故障，以及计算平台输出端到 VCU 输入端故障，故障点应该在 VCU 输出端到 EHB 控制器输入端之间，如图 4-3-6 所示。

1）VCU 输出端到 EHB 控制器输入端之间出现下列故障会导致自动驾驶模式下无法制动：

① 制动控制器 CAN-H 断路。
② 制动控制器 CAN-L 断路。
③ 制动控制器 CAN-H 对负极短路。
④ 换档器 D 档信号线断路。
⑤ 制动控制器 CAN-H 对正极短路。
⑥ 制动控制器 CAN-L 对正极短路。
⑦ 制动控制器 CAN-H 和 CAN-L 短路。

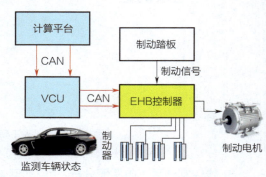

图 4-3-6　自动驾驶模式无法制动故障位置

2）故障修复一般以更换线束、线束插头和维修线束插头、针脚为主。

VCU 输出端到 EHB 控制器输入端之间故障诊断流程：

①使用汽车故障诊断仪，读取制动系统的故障码，根据故障诊断仪的提示寻找故障。

②根据故障诊断仪的测量结果，使用对应车型维修手册电路图查找故障点，然后进行维修或更换新零件。

③修复故障后，自动驾驶模式下制动正常，仪表盘故障灯熄灭。如果问题得到解决，可以使用诊断仪来清除故障码。如果故障仍然存在，则需进一步分析原因并重复执行以上步骤，直到问题被解决。

2. 人工驾驶模式无助力，自动驾驶模式无法制动

故障现象：车辆在自动驾驶模式下无法制动，在人工驾驶模式下制动距离明显增长。

故障分析：由于车辆在自动驾驶模式下无法制动，在人工驾驶模式下制动距离明显增长，可以排除制动踏板模块、制动电机模块及液压模块故障，以及计算平台输出端到 VCU 输出端故障，故障点应该在 EHB 控制器模块，如图 4-3-7 所示。

1）EHB 控制器模块出现下列故障会导致人工驾驶模式无助力，自动驾驶模式无法制动：

①制动控制器电源正极断路。

②制动控制器电源负极断路。

③制动控制器点火信号线断路。

④制动控制器内部故障。

2）故障修复一般以更换线束、线束插头和维修线束插头、针脚为主，如果是制动控制器内部故障需要更换制动控制器。

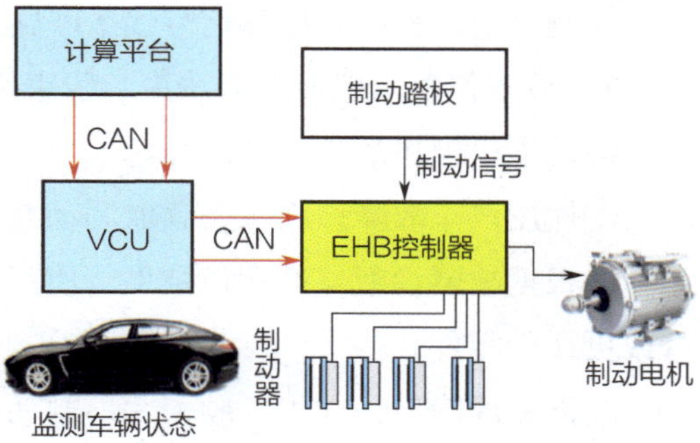

图 4-3-7 人工模式无助力，自动驾驶模式无法制动故障位置

EHB 控制器模块故障诊断流程：

①使用汽车故障诊断仪，读取制动系统的故障码，根据故障诊断仪的提示寻找故障。

②根据故障诊断仪的测量结果，使用对应车型维修手册电路图查找故障点，然后进行维修或更换新零件。

③修复故障后，人工和自动驾驶模式下制动正常，仪表盘故障灯熄灭。如果问题得到解决，可以使用诊断仪来清除故障码。如果故障仍然存在，则需进一步分析原因并重复执行以上步骤，直到问题被解决。

3. 制动助力失效，车轮抱死，自动驾驶异常

故障现象：车辆在人工和自动驾驶模式下，都无法驱动（车轮抱死）。

故障分析：由于车辆在人工和自动驾驶模式下都无法驱动（车轮抱死），可以排除计算平台输出端到 VCU 输出端故障及制动踏板模块故障，也排除了液压模块故障，故障点应该在制动电机模块，如图 4-3-8 所示。

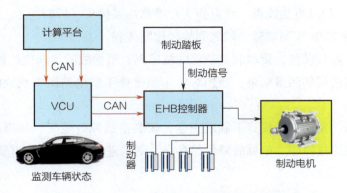

图 4-3-8　制动助力失效，车轮抱死故障位置

1）制动电机模块出现下列故障会导致制动助力失效，车轮抱死，自动驾驶异常：
①制动电机旋变传感器电源正极断路。
②制动电机旋变传感器电源负极断路。
③制动电机旋变传感器信号线 1 断路。
④制动电机旋变传感器信号线 2 断路。

2）故障修复一般以更换线束、线束插头和维修线束插头、针脚为主。
制动电机模块故障诊断流程：
①使用汽车故障诊断仪，读取制动系统的故障码，根据故障诊断仪的提示寻找故障。
②根据故障诊断仪的测量结果，使用对应车型维修手册电路图查找故障点，然后进行维修或更换新零件。
③修复故障后，人工驾驶模式下制动正常，自动驾驶模式下制动正常，仪表盘故障灯熄灭。如果问题得到解决，可以使用诊断仪来清除故障码。如果故障仍然存在，则需进一步分析原因并重复执行以上步骤，直到问题被解决。

四、EHB 控制器针脚定义

EHB 控制器针脚如图 4-3-9 所示，针脚定义见表 4-3-1。

现场工程师：
严谨、实事求是

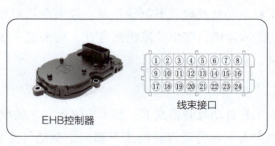

图 4-3-9　EHB 控制器针脚

表4-3-1　EHB控制器针脚定义

针脚	针脚定义	针脚	针脚定义	针脚	针脚定义	针脚	针脚定义
1	DC+/电源正极	7	—	13	—	19	ACC1
2	—	8	DC-/电源负极	14	—	20	—
3	VCU_ING（点火信号线）	9	DC+/电源正极	15	—	21	—
4	—	10	—	16	DC-/电源负极	22	—
5	CAN-H	11	—	17	DC+/电源正极	23	—
6	CAN-L	12	—	18	—	24	DC-/电源负极

任务4.3：
线控制动系统的
故障诊断与排除

项目实施

一、线控制动系统故障诊断与排除流程

线控制动系统的故障诊断与排除流程，如图4-3-10所示。

图4-3-10　线控制动系统的故障诊断与排除流程

二、作业前的准备

1. 物料准备（图4-3-11）

1）防护用品：安全帽、工作手套。

2）设备：智能网联汽车底盘线控实训系统、万用表。

3）辅助材料：清洁抹布。

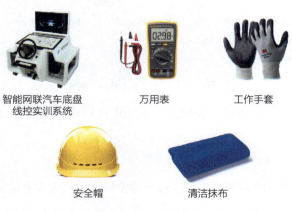

图4-3-11　物料准备

2. 安全防护

检查并穿戴工作手套和安全帽。

3. 设备检查

1）检查智能网联汽车底盘线控实训系统万向轮是否已锁止，确保万向轮处于锁止状态。

2）万用表检查。

①打开数字万用表，检查电量是否足够。

②将档位调至蜂鸣档，短接红黑表笔，检查数字万用表是否正常，如图4-3-12所示。

图4-3-12 短接红黑表笔

三、线控制动系统的故障诊断与排除

1. 打开底盘线控实训系统

1）连接电源线，按下电源开关按钮。

2）打开点火开关，检查换档旋钮的档位是否处于N档，如图4-3-13所示。

图4-3-13 换档旋钮处于N档

2. EHB控制器故障诊断与排除

（1）故障现象确认

1）打开调试软件。

2）单击软件上"线控底盘"选项，选择正确的波特率500k，然后选择开启设备、使用仿真、自动驾驶，操作如图4-3-14所示。

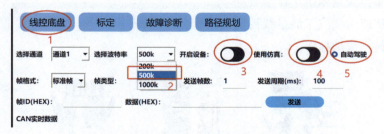

图4-3-14 启动自动驾驶

3）观察故障现象，车辆自动驾驶模式下不能正常制动，如图4-3-15所示。

（2）故障诊断

1）打开数字万用表并校准。

2）使用蜂鸣档测量EHB控制器CAN-H线通断情况，万用表上显示为断路，如图4-3-16所示。

3）测量CAN-L线通断情况，显示为正常，如图4-3-17所示。

图4-3-15 确认故障现象

图4-3-16 CAN-H断路　　　　　图4-3-17 CAN-L正常

4)因为人工驾驶模式下正常,因此 VCU 是正常的。可以判断为 EHB 控制器 CAN-H 存在断路,导致自动驾驶线控制动系统故障。

(3) 故障排除与确认

1)修复故障,再次测量 CAN-H 线通断,显示为接通状态,如图4-3-18 所示。

2)仿真场景中自动驾驶模式制动正常,说明故障已排除。

3. 旋变传感器故障诊断与排除

(1) 确认故障现象

观察系统中故障现象,车辆在人工和自动驾驶模式下都无法驱动,如图4-3-19 所示。

 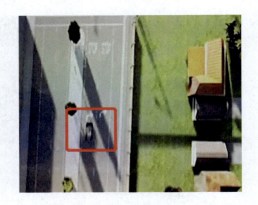

图4-3-18 CAN-H正常　　图4-3-19 旋变传感器故障导致车辆无法驱动

(2) 故障诊断

1) 使用仿真设备上的万用表测量制动旋变传感器供电,为0V,不正常,如图4-3-20所示。

2) 测量旋变传感器信号1与负极电阻,为0Ω,正常(可以判断信号1与负极导通),如图4-3-21所示。

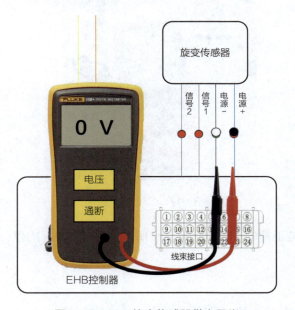 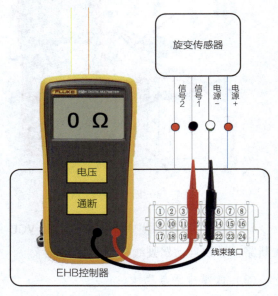

图4-3-20 旋变传感器供电异常　　图4-3-21 旋变传感器信号1与负极之间电阻正常

3) 测量旋变传感器信号2与负极电阻,为0Ω,正常(可以判断信号2与负极导通),如图4-3-22所示。

4) 因此可以判断为旋变传感器正极断路导致车辆无法驱动(制动电机抱死)。

(3) 故障排除与确认

1) 修复故障(故障点为旋变传感器正极断路),再次测量旋变传感器供电,万用表上显示为12V,正常,如图4-3-23所示。

项目四 线控制动系统

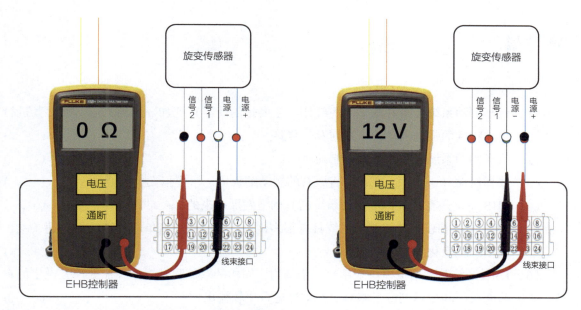

图4-3-22　旋变传感器信号2与负极之间电阻正常　　图4-3-23　旋变传感器供电正常

2）重新启动设备，仿真场景中自动驾驶模式及人工驾驶模式驱动正常，制动也恢复正常，说明故障已经排除。

4. 整理与清洁

1）关闭点火开关。
2）关闭智能网联汽车底盘线控实训系统电源开关并拔出电源线。
3）清洁智能网联汽车底盘线控实训系统和工作台。
4）脱下安全防护用品。

任务小结

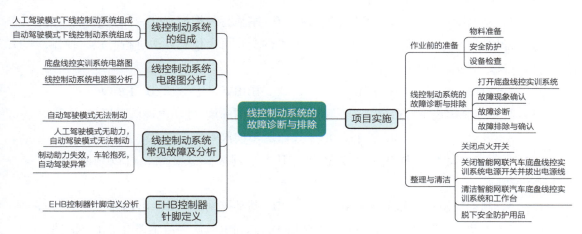

177

复习题

1. 判断题

（1）汽车制动系统是指对汽车某些部分（主要是制动器）施加一定的力，从而对其进行一定程度的强制制动的一系列专门装置。（ ）

（2）汽车制动系统最早是液压式制动。（ ）

（3）线控制动（Brake-by-Wire）将原有的制动踏板用一个模拟发生器替代。（ ）

（4）EHB 系统是在传统机械制动系统的基础上发展而来的。（ ）

（5）EMB 系统相较于传统制动系统具有很多优点，如结构更简单、制动响应迅速、维护简单、轻量化等。（ ）

（6）EMB 系统制动踏板模块采用双冗余结构，同构的双机同时工作，根据预先设定的自诊断策略和故障判定策略对工作结果进行比较输出。（ ）

（7）L3/L4 级别下线控制动系统总体技术路线选用 EMB 方案。（ ）

（8）ABS 标定，主要是进行高附着路面标定。（ ）

（9）EHB 系统用电子踏板取代了传统液压踏板。（ ）

（10）传统的采用真空助力器的制动系统助力能力受发动机转速和负荷的影响，而 EHB 系统的制动能力不受发动机真空度影响。（ ）

2. 不定项选择

（1）线控制动系统根据结构不同主要分为（   ）。
   A. EHB   B. EMB   C. HBBW   D. EBBW

（2）汽车电子液压制动系统主要由各类传感器和（   ）组成。
   A. 液压控制模块   B. 制动踏板模块   C. 控制单元   D. 制动器

（3）制动踏板模块主要由（   ）等组成。
   A. 制动踏板   B. 踏板力传感器   C. 踏板行程模拟器   D. 控制单元

（4）采用（   ）控制系统，部件机械特性的变化可由控制算法进行补偿，使制动压力等级和踏板行程始终保持一致。
   A. EHB   B. EMB   C. HBBW   D. EBBW

（5）液压控制模块主要由（   ）和四套结构相同的增/减压电磁阀等组成。
   A. 电机   B. 控制单元   C. 单向阀   D. 蓄能器

（6）车辆在自动驾驶模式下无法制动，但人工驾驶模式正常，可以判断为（   ）故障。
   A. 制动控制器电源正极断路   B. 制动控制器 CAN – L 断路
   C. 制动电机旋变传感器信号线 1 断路   D. 制动电机旋变传感器电源负极断路

(7) 车辆在自动驾驶模式下无法制动，在人工驾驶模式下制动距离明显增长，可以判断为（ ）故障。

　　A. 制动控制器电源正极断路

　　B. 制动控制器 CAN – L 断路

　　C. 制动电机旋变传感器信号线 1 断路

　　D. 制动电机旋变传感器电源负极断路

(8) 车辆在人工和自动驾驶模式下都无法驱动（车轮抱死），可以判断为（ ）故障。

　　A. 制动控制器电源正极断路

　　B. 制动控制器 CAN – L 断路

　　C. 制动电机旋变传感器信号线 1 断路

　　D. 制动电机旋变传感器电源负极断路

(9) 传统制动系统只能在一定程度上实现前后制动压力的分配，而（ ）系统在四轮压力分配方面有很大的自由度，这在左右附着系数不同的路面上制动时效果显著。

　　A. EHB　　　　B. EMB　　　　C. HBBW　　　　D. EBBW

(10) 由于受轮胎和路面附着系数等因素的限制，（ ）制动力的值应不大于附着力。

　　A. 制动器　　　B. 车轮最大地面　　C. 制动电机　　　D. 以上均不是

3. 简答题

(1) 简述 EHB 的工作原理。

(2) EHB 有哪些优点？

(3) 简述线控制动系统的标定流程。

 智能网联汽车底盘线控
系统装调与测试

项目五
底盘线控系统的综合测试

- 学习任务一　整车底盘线控系统的在环仿真测试
- 学习任务二　整车底盘线控系统控制与优化

学习任务一
整车底盘线控系统的在环仿真测试

引导问题

你知道仿真测试流程及要求吗？你知道自动驾驶仿真软件有哪些种类吗？如何对车辆底盘线控系统进行综合测试？

任务场景

客户反映他的线控底盘车辆在自动驾驶时，偶尔会出现线控制动力不足的问题，假设你是测试工程师，你将如何进行测试？

任务分析

本任务主要掌握仿真测试流程及要求、自动驾驶仿真软件种类及整车底盘线控系统的硬件在环仿真测试过程。

能力目标

1. 说出典型仿真测试流程。
2. 说明典型仿真测试要求。
3. 能利用实训设备独立完成整车底盘线控系统的硬件在环仿真测试。
4. 能利用实训设备完成整车底盘线控系统的自动驾驶仿真测试。

知识目标

1. 描述整车典型仿真测试。
2. 叙述自动驾驶仿真软件种类。
3. 说出自动驾驶仿真软件的功能及测试的步骤。

素养目标

1. 树立学习虚拟仿真技术与底盘线控技术相结合的创新精神。
2. 引导学生树立正确的社会主义核心价值观，成为社会主义合格的建设者和接班人。

知识准备

一、自动驾驶仿真测试的定义

自动驾驶仿真测试是计算机仿真技术在汽车领域的应用，它以数学建模的方式将自动驾驶的应用场景进行数字化还原，建立尽可能接近真实世界的系统模型，通过仿真测试进行分析和研究便可以达到对自动驾驶系统和算法进行测试验证的目的，如图 5-1-1 所示。

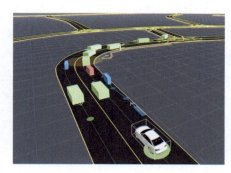

图 5-1-1 自动驾驶仿真测试

在未来智能网联普及的时代，车辆已经进化为信息物理系统的一部分，通过大数据与云计算为核心的仿真测试平台，可以记录车辆运行的真实数据和软件算法的决策过程，记录与管理单车、车队、道路与交通设施，复现车辆行驶的具体行为。届时，仿真平台不仅可以帮助自动驾驶系统更安全，也将是车队运营、道路设施与智慧交通的管理平台。

二、仿真测试的分类

按照测试方式不同，仿真测试可分为模型在环（MIL）、软件在环（SIL）、硬件在环（HIL）、驾驶人在环（DIL）、车辆在环（VIL）。

1. 模型在环（MIL）

在仿真测试模型中，将控制算法模型和被控算法模型连接起来形成闭环，即模型在环测试。这种测试方式在模型层面上实现闭环测试，主要目的是支持系统软件工程师做模型级别的集成测试。

2. 软件在环（SIL）

软件在环是基于软件进行模型驱动的数字仿真测试方法。它从模型在环测试引申而来，区别是把控制器的模型换成了由控制器模型生成的 C 代码。软件在环测试的目的是验证生成的代码和模型在功能上是否一致。

3. 硬件在环（HIL）

硬件在环是被测试系统中的传感器、控制器和执行器中部分实物嵌入仿真回路之中进行的仿真测试。它通过嵌入式系统的输入输出将其与仿真系统平台相连，形成闭环。硬件在环测试的目的是验证控制器。

4. 驾驶人在环（DIL）

驾驶人在环是驾驶人的实际驾驶行为嵌入仿真回路之中进行的仿真测试。它是指在对车辆、发动机等系统进行仿真的基础上，在保证测试精度的前提下，增加了交通和环境的仿真，并将真实驾驶人引入仿真测试闭环，融合传感器仿真技术，结合3D实时动画，对系统进行验证。

5. 车辆在环（VIL）

车辆在环是完整的车辆系统嵌入仿真回路之中进行的仿真测试。它将测试系统集成到真实车辆中，并通过仿真平台模拟道路、交通场景以及传感器信号，从而构成完整测试闭环。车辆在环测试的目的是验证测试系统功能、各场景仿真测试、与整车相关电控系统的匹配及集成测试。

三、仿真测试的发展

使用计算机技术进行仿真测试，最早可以追溯到1940年。如今，计算机仿真技术广泛应用于核、电、飞行模拟等各个领域。早期的仿真测试主要建立在动力学仿真基础上，对车辆开发过程中的整车动力、操纵稳定性、制动等进行仿真测试参数优化。随着辅助驾驶与自动驾驶功能的不断发展，在仿真测试中，也逐渐提供具有简单道路环境、可编辑的环境车辆、行人等和简单传感器模型的仿真测试。这类仿真测试，在测试整车性能的基础上，增加了对驾驶自动化功能的相应测试。如今，面向高等级驾驶自动化功能的仿真测试，已具备相对复杂的系统架构。在回放真实测试场景之外，可以提供更接近真实动态交通的模拟环境，以及多样的驾驶事件或场景。同时，也有自动驾驶公司开始使用云服务来进行大规模高并发的仿真测试，能达到百万级车辆同时进行仿真测试的效果，如图5-1-2所示。

图5-1-2 自动驾驶云仿真

仿真测试技术的发展已经达到了使用高精度的自动驾驶地图、回放真实自动驾驶路测数据，并使用游戏引擎进行高保真的仿真测试阶段。在此背景下，仿真测试技术在驾驶自动化功能开发过程中的重要性和实车测试的互补优势更加凸显。这主要体现在以下两个方面：

使用仿真测试平台，可以模拟真实世界中出现概率极低的危险场景，从而可以使自动驾驶系统在更加丰富和复杂的场景中进行高频度的有效测试验证，在保障安全高效的前提下实现更充分的测试验证效果，提高自动驾驶功能开发和测评的可靠性。

使用仿真测试平台对实车测试数据进行复现和泛化，不仅能够更加有效和深入地分析实车测试过程中的问题，进行针对性优化，而且可以更加精准地约束测试条件，提升测试效率，缩短功能开发和测试周期。

四、仿真测试技术的问题和难点

1. 仿真测试部署过程中存在的主要问题和难点

从宏观角度分析，仿真测试需要模块化、自动化。要求各主机厂和供应商有较强的场景数据和测试数据的管理能力、场景数据和仿真测试数据的分析能力。

1）相同算法在多样化仿真平台测试验证结果的一致性问题。如何保障 SIL、HIL、DIL、VIL 仿真测试结果的一致性，如何保障不同仿真工具链测试结果的一致性，如何保障仿真模型精度在不同平台中的一致性。

2）仿真测试与实际测试结果的一致性问题。如何保证仿真模型与实际被测件的标定真实性和特性匹配，如何保证仿真测试各系统之间交互反馈时钟同步与实际测试的一致性。

3）仿真测试过程的问题回溯机制。如何根据仿真结果，快速追溯并确认仿真测试过程中某一模块是否出现问题。

4）仿真测试评价标准的多样化问题。如何评估安全性、稳定性等普通衡量标准，如何评估舒适性、通过性等难以衡量的标准。

5）测试场景的针对性问题。如何针对被测驾驶自动化系统筛选相应的测试场景，如何快速迭代特定测试场景以测算验证被测系统的性能。

2. 软件在环技术的问题和难点

目前仿真测试方法主要集中于 SIL、HIL、VIL。其中软件仿真测试平台是构建 HIL、DIL、VIL 的基础。软件在环测试包含仿真场景搭建、传感器模型搭建与标定、软件算法集成、动力学模型标定集成、自动化仿真测试、仿真测试数据分析等模块。

1）复现自动驾驶仿真环境。仿真环境需包含离散和连续化的仿真测试场景，仿真平台应具备搭建标准化测试场景的能力和快速泛化测试场景的能力。

2）感知模型搭建。传感器物理特性标定、传感器模型验证、仿真软件参数匹配。

3）执行模型搭建。根据车辆整车参数建立车辆动力学模型，根据车辆的操纵稳定性、动力性、制动性标定车辆动力学模型，车辆动力学模型验证。

4）软硬件集成。软硬件接口统一，软件和软件、软件和硬件联调，软件接口多样性，软硬件及执行机构时钟同步问题。

5）自动化测试。高效自动化构建大规模仿真测试场景，并对被测系统进行自动化测试；基于场景数据库自动化分类、管理、检索场景数据；分布式高并发仿真测试各软件算法功能。

6）数据分析。仿真测试数据的分层次存储、仿真数据分析的方法论、仿真测试评价。

3. 硬件在环技术的问题和难点

1）资源硬件问题。硬件设施部署的成本较高，需要部署空间较大。

2）摄像头在环。视频黑箱仿真测试技术受限于仿真软件的视觉处理引擎，难以获得与实际环境完全相同的渲染画面；仅适用于验证软件的逻辑性，难以验证软件的可靠性和有效性；视频注入仿真测试技术根据实际道路视频做仿真验证，需保障仿真平台与视频的数据同步。

3）毫米波雷达在环。回波模拟器可模拟的目标物数量、目标物相对距离和目标物精度有限制，毫米波回波模拟器模拟波形的物理特性需与仿真软件进行多次标定以匹配数据，毫米波回波模拟器与真实传感器物理特性仍然存在差距。

4. 整车在环技术的问题和难点

整车在环技术的问题和难点见表5–1–1。

表 5–1–1 整车在环技术的问题和难点

整车在环技术的问题和难点	内容
效率较低	VIL 只适用于单车测试
适配问题	对于第三方被测对象，有一定的适配和使用成本
测试用例局限	无法在开放场地模拟极限工况

针对车辆主动安全问题，整车在环测试技术无法在开放场地模拟极限工况，造成测试用例局限化问题。开放场地内的实际车辆与仿真环境的交互行为依赖仿真环境输出的信号，存在安全性问题。此外，对于户外远程仿真测试，建立可靠的仿真软件和实际车辆远程实时通信也是一大难点。

五、仿真测试评价基本原则

仿真测试应遵循的基本原则为全面性、真实性和可重复性。

1. 全面性

仿真测试的测试场景应能充分覆盖设计运行范围（ODD）和边界场景，并且能用多种测试方法对被测功能的全部层级在不同开发阶段进行测试。

（1）测试场景的全面性

测试场景设计要求能充分覆盖设计的 ODD，从而保证自动驾驶功能在 ODD 内的验证是充分的，以检验其基本功能是否实现，是否功能安全、预期功能安全得到验证。

测试场景应考虑极端场景。过于理想的测试环境无法验证自动驾驶产品性能的好坏，因此测试场景应包含边缘场景、事故场景等一些极端场景，通过对极限工况的验证提高自动驾驶产品的安全性、稳定性、可靠性。

（2）测试对象的全面性

测试对象需要包含自动驾驶功能中涉及的所有感知–决策–执行系统，以及对应的软硬件部分，确保自动驾驶系统在感知、决策、执行等各个层面得到充分的验证，以提高自动驾驶系统的安全性。

（3）测试方法的全面性

由于测试对象不同，仿真测试形式也不同。测试方法需包含模型在环（MIL）、软件在环（SIL）、硬件在环（HIL）、驾驶人在环（DIL）、车辆在环（VIL）等，覆盖产品开发的不同阶段。测试场景数据库、测试平台工具链应能够覆盖感知层、决策层和执行层，支撑整个研发设计阶段。

2. 真实性

仿真测试的场景参数应基于实际，逻辑参数设置合理，并且测试输出结果应与实车测试保持基本一致。

1）测试场景库建设的原始数据来源应该真实。

2）车辆动力学模型作为被控对象时，需要标定和验证车辆动力学模型，并要求在相同工况下车辆动力学模型仿真结果与实车试验结果较为一致。

3）在已知相同测试场景与工况下，实车测试与仿真测试的结果差异应该保证在可控范围之内，同时测试结果的趋势应与实车测试一致。

3. 可重复性

仿真测试中的同一测试用例在同一测试平台多次测试的结果应保持高度一致，在不同测试平台的测试结果的偏差应符合设计要求。

1）在同一测试平台下，同一测试工况的多次测试结果应保持高度一致，且测试结果偏差应该在可接受范围之内。

2）通过参数调整，同一个被测对象在不同仿真平台、不同时刻的多次试验结果应保持高度一致，且同一工况的测试结果偏差应在可接受范围内。

六、仿真测试对象

1. MIL 阶段的仿真测试对象

模型在环主要应用于算法开发阶段，以验证模型能否实现功能，是否有严重 BUG，以方便进行覆盖率测试，分析模型精简程度，防范死循环的出现。在测试决策层时，可以实现纯软件仿真，依托仿真平台的性能加速测试，提高效率。

算法模型接收到仿真环境传来的目标真值列表信号后，进行决策，输出控制信号及其他状态变量，包含车辆的模式管理、横向控制、纵向控制、安全决策、人机管理等。将控制算法与车辆模型连接起来，形成闭环，并根据车辆模型状态变换输入，来对控制算法实现的功能进行测试。

2. SIL 阶段的仿真测试对象

（1）感知算法

感知系统根据各个传感器传回的原始数据、目标级数据，根据算法进行目标数据滤波和感知，并利用多源异构传感器信息融合策略，对目标进行进一步筛选，并重构车辆周边环境模型。摄像头、毫米波雷达给环境感知系统以目标级数据列表为主，而激光雷达目标识别需要较强的计算能力，因此需要单独的 GPU 工控机进行目标识别后，再传送至环境感知系统。超声波传感器的工作原理较为简单，只具备测距能力不具备方位角测量能力，需要进行数据处理的量较小，以模拟信号处理为主，传感器传回的数据就是目标距离，因此不需要类似于图像、点云的目标识别的复杂算法。

感知系统对车辆周边环境的精准判断是 ADAS/AD 决策的主要输入，感知出错，决策也无法保证正确。

（2）决策算法

计算平台根据自身定义的 ADAS/AD 算法，利用感知环节的输入，进行多传感器感知信息的融合，依据车辆所处场景信息，做出自身的决策规划，规避障碍物，完成既定的自动驾驶任务，同时输出控制信号，驱动车辆做出横向或者纵向运动。决策是比较关键的一部分，决策是在感知基础上对下一步（加速还是减速、如何转向等）进行判断，同时，决策系统还会兼顾舒适性和安全性问题。控制指的是车辆本身的一些控制系统，它通过决策大脑对车辆下达一些指令，比如转向、制动、加速。

3. HIL 阶段的仿真测试对象

（1）感知系统处理器

毫米波雷达与摄像头在传感器端已经集成了目标识别、滤波、跟踪算法实现的处理器，可以输出滤波后的目标信息，如车辆目标距离、相对速度、车道线宽度、车道线长度、车道线相对位置、交通标志识别结果等。

激光雷达的线束越多、探测范围越广，单次处理的点云数量也随之增加，对处理器的性能需求也随之增强，因此是否集成处理器与传感器使用的性能有关。

车路协同的车载终端接收和输出至环境感知传感器的都是目标级信号，因此对数据处理器性能要求并不高。

超声波传感器的信号处理以模拟信号为主，且只有较为单一的数据，因此低性能的处理板卡就能覆盖需求。

（2）决策系统控制器

计算平台功能性能场景库用于测试计算平台在运行过程中的功能与性能。在系统架构上，域控制器作为整车电子电气中的一员，有功能安全等级的要求。

4. VIL 阶段的仿真测试对象

（1）被测车辆整车

自动驾驶样车要求工作在自动驾驶模式，首先需要对样车线控系统进行改造，实现驱动系统、制动系统、转向系统和档位系统 CAN 总线可控并满足精度要求。

1）驱动系统：自动驾驶样车采用燃油车，驱动系统控制发动机节气门，节气门开度对应加速踏板开度，符合 SAE J1939 相关标准。驱动系统可连续响应自动驾驶系统指令，控制车辆稳定行驶。

2）制动系统：通过 CAN 总线发送制动减速度指令，车辆实时反馈制动状态信息，制动系统能在沥青路面提供连续可控的减速度。

3）转向系统：线控转向系统采用电子助力转向系统（EPS），通过 CAN 总线控制转向盘角度，并反馈转向系统的角度、转矩、角加速度等状态信息；EPS 电机根据机械参数进行匹配，能快速响应 CAN 总线控制信号。

4）档位系统：自动驾驶样车选用自动变速器，可接受 CAN 总线指令，控制车辆运行在前进档、空档、后退档，并通过 CAN 总线反馈档位信息。

（2）工具链部署要求

1）实车设备部署：包含自动驾驶算法计算平台安装、仿真测试计算平台安装，以及必要外设的安装。包含设备固定、设备供电、设备通信物理链路连接。

2）实车软件部署：包含自动驾驶算法模块配置、虚拟仿真软件配置、通信接口模块安装配置。

3）实车设备通信接口调试：包含虚拟仿真软件与自动驾驶算法之间的通信调试、虚拟仿真软件与车辆之间的通信调试、自动驾驶软件与车辆之间的通信调试。

4）实车测量设备调试：设备自身调试、设备与主车设备通信调试。

（3）被测感知功能

1）毫米波雷达。

2）超声波传感器。

3）激光雷达。

4）车路协同车载终端。

5）高精度地图。

6）摄像头。

5. DIL 阶段的仿真测试对象

驾驶人在环测试可以开展 ADAS 和 AD 控制器的主观评价、人机交互界面的设计评价，以及自动驾驶系统的人机接管功能测试。

1）控制器测试方向上的 DIL 测试对象：将 ADAS 和 AD 控制器集成到驾驶模拟器上，能够在整车开发流程早期进行 ADAS 和 AD 系统功能的驾乘体验主观评价，即通过主观评价的方式来评价系统功能的用户友好程度和可接受度，以便整车厂进行性能对标及系统方案选型。同时可以在整车开发流程后期进行 ADAS 和 AD 系统功能的驾乘体验主观评价，以便整车厂进行控制器虚拟标定。

2）人机交互方向上的 DIL 测试对象：人机交互的 DIL 主要应用于人机交互界面（HMI）

及控制域开发阶段的测试验证，用于验证人机交互界面的可用性、合理性、规范性、安全性。通过 DIL 平台复现 HMI 的控制逻辑和界面元素，分析试验中的车辆状态数据和驾驶人行为表现数据，对人机交互界面进行测试验证。可以测试人机交互界面中的仪表预警信号、预警时机、文字符号清晰度，以及中控的导航、收音机、音乐调节、空调调控、抬头显示（HUD）清晰度、HUD 界面设计。通过人机交互的 DIL 测试，可以提高 HMI 的安全性和美观度，降低成本风险。

3）人机接管功能：人机接管功能根据周边场景环境、本车状态以及驾驶人的状态提供人机接管信号，并根据驾驶人响应来执行相应的控制权转换。通过模拟或者实际道路的场景触发人机接管功能开启，并测试在规定接管场景触发接管信号的显示时间、体现形式是否达标，在接管信号期间，自动驾驶功能的显示是否清晰，驾驶人接管操作策略的合理性以及稳定性，期间自动驾驶相关 HMI 信号的合理性。

可将人机接管功能策略移植到仿真平台中，利用 DIL 的安全性与可重复性，对人机接管功能进行测试评价。

七、典型仿真测试流程及要求

现阶段，自动驾驶系统主要包括环境感知系统、决策规划系统和控制执行系统。外界环境信息和车辆动态信息通过感知系统收集，通过通信接口传输到决策系统运算，生成操作指令输出到控制系统，控制车辆各组件运行，如加速、转向等，从而实现自动驾驶功能。对上述系统开展仿真测试，需要开展对自动驾驶算法、组件及系统集成的测试，保证整体性能满足设计和安全法规要求。按照自动驾驶系统的研发周期，仿真测试分为模型在环、软件在环、硬件在环、驾驶人在环和车辆在环五个测试阶段，各阶段原则上采用递进的方式执行，也可根据实际需求并行执行，在每一个阶段均涉及自动驾驶的三个主要组成系统测试。

目前主要的仿真测试阶段的层次关系如图 5-1-3 所示。每一个测试阶段按照一般的软件测试方法设计测试要求、测试配置、接口定义、测试用例、测试步骤和测试数据等。

在上述三个主要子系统中分别包括传感器模型、决策模型、控制对象模型及对应的软件和硬件部件，按照从部件到系统的原则，在每一个阶段均涉及自动驾驶的三个主要组成系统测试。为便于高效设计、开发、测试及验证，在仿真测试环节中，对上述子系统及其涉及的模型、软件和硬件可根据需要分别开展仿真测试，在此基础上开展对自动驾驶算法、组件及系统集成的整车测试。即对自动驾驶系统的模型算法、计算平台、域控制器等依次开展模型在环、软件在环、硬件在环测试，之后对整车开展驾驶人在环和车辆在环测试。

对于仿真测试阶段，典型的测试流程包括测试需求分析、测试资源配置、接口定义、设计测试用例、测试执行、分析测试结果以及分析测试结束条件等主要环节。

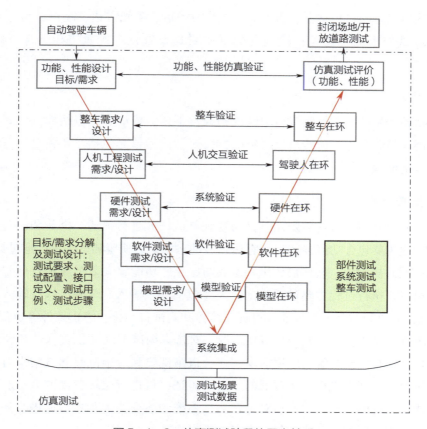

图 5-1-3 仿真测试阶段的层次关系

1. 测试需求分析

明确仿真测试的任务和目的，以此制定测试要求；明确仿真任务的输入、被测自动驾驶系统的功能规范和性能指标、主体架构框图（包含系统输入输出及子系统间输入输出关系）、被测系统操作运行范围（ODD）、测试范围、相应的文档说明；明确仿真测试系统的性能要求（同步性、实时性、稳定性等）和应用范围；明确仿真结果的输出要求、仿真输出的数据格式及内容、仿真输出数据频率、仿真数据结果分析、相应的文档及测试报告要求；明确仿真所需资源、时间要求、人员要求、人员所承担的责任、仿真工具要求、仿真模型要求、场地要求等。

2. 测试资源配置

根据测试项目和需要，对仿真系统进行参数设置工作，包括车辆模型配置、静态场景配置、动态场景配置、传感器模拟配置、控制器配置等主要过程。其中，车辆模型配置主要是设置空气动力学、动力传动系统、制动系统、转向系统、悬架系统、轮胎等；静态场景配置主要是设置道路参数，包括道路、标线、标志、护栏、植被、路灯、天气等，生成场景文件；动态场景配置主要是目标模型的输入，包括车辆、行人、动物以及他们之间的动态关系；传感器模型配置主要是通过传感器、摄像头、毫米波雷达、激光雷达、超声波传感器的物理特性根据仿真测试需求进行建模;控制器配置主要是设置供电配置电压、接口配置和协议配置。

3. 接口定义

主要包括各子系统和单元间接口的匹配和开发工作,接口类型包括数据格式接口、通信接口、执行器和控制器之间的接口以及特殊接口等,典型单元包括车辆模型、环境模型、传感器模型、高精度地图等。

4. 设计测试用例

兼顾测试充分性和效率的原则,对自动驾驶测试任务进行描述、搭建和执行过程,具有可重复性。描述主要包含功能描述、静态场景、动态场景、期望测试结果、通过标准等方面,搭建主要包括硬件初始化、软件初始化、参数初始化、功能定义数据库和自然驾驶数据库的调用及场景设置,执行过程主要包括测试输入(包括场景输入、驾驶人操控输入、指令输入和通信输入)、前提和约束、测试实施过程、监控和测试自动化、终止条件等步骤。

根据需求分析结果,设计验证场景或工况,对仿真测试系统(包含软件和硬件)进行校核和验证。根据仿真测试系统的应用需求,结合道路试验和台架试验测试结果对仿真测试系统进行逐层级验证,即先进行层级较低的子系统验证,再进行层级较高的系统验证,最后形成整套仿真测试系统的验证。验证后对仿真测试系统的验证范围和置信度进行评估。如果不满足测试要求,则需要重新迭代进行,直至满足测试要求。

5. 测试执行

根据被测系统测试需求,制定试验大纲,试验大纲包含被测系统的测试场景或工况、试验时间安排、试验方法、试验环境、试验人员安排、试验输出的数据或信号内容定义。通过软件运行,开展具体的仿真场景测试工作,从而取得测试对象针对仿真平台输入信号的响应数据,包括初始状态设置、测试车辆运行、目标车辆添加、测试车辆决策、测试过程监控、测试过程自动化、数据存储等环节。

6. 分析测试结果

检查数据是否按照指定频率及格式存储。对仿真结果进行数据处理,进行数据分类、统计、筛选、可视化。对仿真结果进行数据分析,确保仿真结果没有超出仿真测试系统的应用范围,确保仿真结果达到一致性要求。根据仿真结果,按照测试任务要求,结合仿真测试系统的置信度及被测自动驾驶系统的评价指标,对被测自动驾驶系统进行评价,并评估是否满足测试要求和测试目标。

7. 分析测试结束条件

主要用来评价系统仿真测试是否达到预定要求,通常包括:

1) 已按要求完成预定的系统测试任务。
2) 实际测试过程遵循了预定的测试计划。
3) 客观、完备地记录了测试过程和测试中发现的所有问题。
4) 测试的全过程自始至终在控制下进行。
5) 测试中的异常有合理解释或者正确有效的处理。
6) 全部测试用例、测试软件和测试配置项已完成,数据已记录。

八、自动驾驶仿真软件

目前行业内应用的自动驾驶仿真软件百花齐放、五花八门,常见的有 PanoSim、PreScan、CarMaker、51VR、VTD、CARLA 等。

1. PanoSim

PanoSim 是新一代自动驾驶模拟仿真软件,是专注于通过模拟仿真技术实现汽车虚拟研发的一体化工具与平台。PanoSim 集高精度车辆动力学模型、汽车行驶环境模型、车载环境传感模型与交通模型等于一体,可与 Matlab/Simulink 无缝连接并支持离线与实时仿真功能,如图 5-1-4 所示。PanoSim 不仅包括复杂的车辆动力学模型及底盘(制动、转向和悬架)、轮胎、驾驶人、动力总成(发动机和变速器)等模型,还支持各种典型驱动形式和悬架形式的大、中、小型轿车的建模以及仿真分析。它提供了三维数字虚拟试验场景建模与编辑功能,支持对道路及道路纹理、车道线、交通标识与设施、天气、夜景等汽车行驶环境的建模与编辑。

环境模型
雨、雪、雾等

车辆动力学模型

交通参与物
车辆、行人、障碍物等

场地模型
高速、城市、乡村高精地图
导入导出

ADAS/V2X
ACC/AEB/LKA/AP/TJP等

传感器模型
激光/毫米波/超声波雷达、
相机、GPS、IMU、V2X等

交通模型
随机、异常及数据驱动交通流

自动驾驶

图 5-1-4 PanoSim

2. PreScan

PreScan 是一款基于物理模型的仿真平台,最初用于驾驶辅助、驾驶预警、避撞和减少碰撞等功能的前期开发和测试,现也可用于自动驾驶系统的开发,如图 5-1-5 所示。

图 5-1-5　PreScan

PreScan 可支持多种类型传感器的模型建立与设置,包括鱼眼摄像头、单目摄像头、双目摄像头、毫米波雷达、激光雷达、超声波传感器、V2X 通信传感器、车道线传感器、目标物体识别传感器等。

PreScan 可以对道路模型进行设置与编辑,具备道路数据库设置坡度、曲率、侧倾、高架等,具备参数化的路面模型,支持自动化测试,支持非铺装路仿真,支持第三方地图 OSM/OpenDRIVE 高精地图导入;可以搭建环境模型,包括路面及路边设施数据库、交通标志数据库及建筑物、绿化带数据库,支持用户自定义 3D 模型导入;支持道路使用者的创建、编辑,包括轿车和摩托车、商用车、行人及自行车、测试用气球车等;支持天气、光照等天气条件的搭建,包括创建白天、黑夜及雨雪雾天气,设置车灯及路灯等,光照模型具有传感器响应特性。

3. CarMaker

CarMaker 是一款优秀的动力学仿真软件,提供了精准的车辆本体模型(发动机、底盘、悬架、传动、转向等),它的车辆模型与 Carsim 精度一致,将车辆视作多体 – 非线性系统,并根据车辆子系统进行清晰的设置(如转向系统的 Pfeffer 模型、制动系统模型、发动机模型),如图 5-1-6 所示。

CarMaker 具有开放性的毫米波雷达、摄像头、激光雷达、超声波传感器等多个高精度传感器模型。在场景模拟方面,CarMaker 可模拟不平坦的道路(如减速带、坑洼),可从 HERE 地图直接导入真实道路环境;驾驶人模型可定义其驾驶风格(激进型、稳健型),可支持复杂的驾驶操作,并具有学习功能,可适应不同的车辆、道路特征;交通流模型可定义几乎无限数量的交通参与者,每个参与者都可添加动力学模型,并可根据事件对参与者进行精细控制。

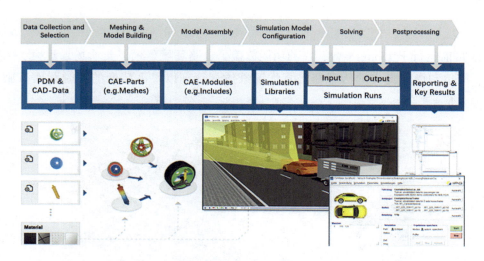

图 5-1-6　CarMaker

CarMaker 作为平台软件，可以与很多第三方软件进行集成，如 ADAMS、AVLCruise、rFpro 等，可利用各种软件的优势进行联合仿真。同时 CarMaker 配套的硬件，提供了大量的板卡接口，可以方便地与 ECU 或者传感器进行 HIL 测试。

4. 51VR

51Sim-One 是 51VR 自主研发的一款集多传感器仿真、交通流与智能体仿真、感知与决策仿真、自动驾驶行为训练于一体的自动驾驶仿真与测试平台，如图 5-1-7 所示。51Sim-One 内置了一系列场景库和测试案例库，包括开放区域真实场景、大规模城市道路、乡村道路、高速公路、停车场等。

图 5-1-7　51Sim-One

51Sim-One 可以通过 WorldEditor 快速地从无到有创建基于 OpenDRIVE 的路网，或者通过点云数据和地图影像等真实数据还原路网信息。它支持在场景中自由地配置全局交通流、独立的交通智能体、对手车辆、行人等元素来构建动态场景，结合光照、天气等环境的模拟来呈现丰富多变的虚拟世界。

5. VTD

VTD 目前运行于 Linux 平台，它的功能覆盖了道路环境建模、交通场景建模、天气和环境模拟、简单和物理真实的传感器仿真、场景仿真管理以及高精度的实时画面渲染等，如图 5-1-8 所示。

图 5-1-8 VTD

VTD 支持物理级复杂传感器建模仿真，类型包括摄像头、超声波传感器、毫米波雷达和激光雷达等。VTD 采用 OpenDRIVE、OpenCRG 和 OpenSCENARIO 标准，便于虚拟环境的重建和测试场景的开发。VTD 支持 OpenDRIVE 格式高精地图的导入，并基于此完成虚拟世界和环境的重建，实现对道路和环境的模拟。VTD 具备或可扩展丰富的道路元素库，包括道路、交通标志、路面标线、交通信号灯、道路附属设施、道路周围建筑和树木等交通环境要素模型库；支持复杂路网快速建模，可以设置不同道路形态的模型，具备车道级数据的应用能力；支持交通仿真和真实工况的导入，支持和第三方车辆动力学软件的集成。

6. CARLA

CARLA 是由西班牙巴塞罗那自治大学计算机视觉中心指导开发的开源模拟器，CARLA 提供了开源代码和协议，以及为自动驾驶创建的开源数字资源（包括城市布局、建筑以及车辆），如图 5-1-9 所示。

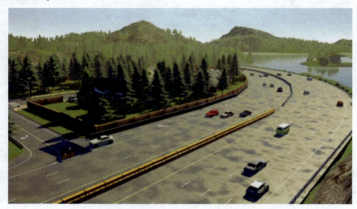

图 5-1-9 CARLA

CARLA 平台支持传感套件和环境条件的灵活配置：支持不同天气状况，如晴天、雨天、雨后和晴朗等；支持不同传感器模式，如正常摄像头视觉、真实深度和真实语义分隔；提供测试场景资源库，包含 40 座不同的建筑、16 个运动汽车模型和 50 个行人模型。

CARLA 的特点：

1) 服务器多客户端架构的可扩展性：相同或不同节点中的多个客户端可以控制不同的参与者。

2) 灵活的 API：CARLA 公开了一个强大的 API，允许用户控制与模拟相关的所有方面，包括交通生成、行人行为、天气、传感器等。

3) 自动驾驶传感器套件：用户可以配置多种传感器套件，包括激光雷达、多摄像头、深度传感器和 GPS 等。

4) 用于规划和控制的快速模拟：此模式禁用渲染以提供不需要图形的交通模拟和道路行为的快速执行。

5) 地图生成：用户可以通过 RoadRunner 等工具按照 OpenDrive 标准轻松创建自己的地图。

6) 交通场景模拟：引擎 ScenarioRunner 允许用户基于模块化行为定义和执行不同的交通情况。

7) ROS 集成：CARLA 通过 ROS – bridge 与 ROS 集成。

8) 自动驾驶基线：提供自动驾驶基线作为 CARLA 中的可运行代理，包括 AutoWare 代理和条件模仿学习代理。

项目实施

一、整车底盘线控系统的在环仿真测试流程

整车底盘线控系统的在环仿真测试流程如图 5 – 1 – 10 所示。

图 5 – 1 – 10　整车底盘线控系统的在环仿真测试流程

任务 5.1：
整车底盘线控系统的硬件在环仿真测试

二、作业前的准备

1. 物料准备　（图 5 – 1 – 11）

1) 防护用品：安全帽、工作手套。

2) 设备：智能网联汽车底盘线控实训系统。

3) 辅助材料：清洁抹布。

|智能网联汽车底盘　　安全帽　　工作手套　　清洁抹布|
线控实训系统

图 5-1-11　物料准备

2. 安全防护

检查并穿戴工作手套和安全帽。

3. 设备检查

检查智能网联汽车底盘线控实训系统万向轮是否已锁止，确保万向轮处于锁止状态。

三、整车底盘线控系统的在环仿真测试步骤

1. 打开底盘线控实训系统

1）连接电源线，按下电源开关按钮。

2）打开点火开关，检查换档旋钮的档位是否处于 N 档，如图 5-1-12 所示。

2. 硬件在环仿真测试

1）在计算机桌面打开"智能网联教学车调试软件 - 线控底盘"。

图 5-1-12　换档旋钮处于 N 档

2）选择 CAN 通道 1，将波特率调整为 500k，打开"开启设备"按钮，CAN 数据会实时刷新，如图 5-1-13 所示。

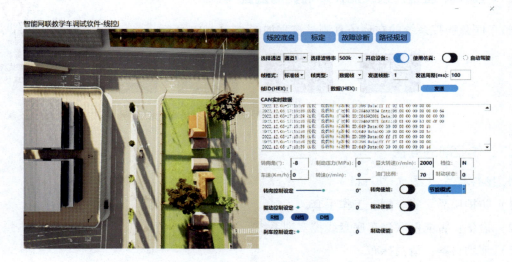

图 5-1-13　调试软件

3）打开"使用仿真"按钮，进行硬件在环仿真测试，如图 5-1-14 所示。

图 5-1-14　硬件在环仿真测试界面

4）操作台架上的加速踏板、转向盘和制动踏板（图 5-1-15），按照仿真软件地图上的路径，正确驾驶汽车，测试线控驱动、线控转向和线控制动工作是否正常，信号传输是否正常（行驶路径可以自定义）。

图 5-1-15　操作加速踏板、转向盘和制动踏板

3. 自动驾驶仿真测试

勾选"自动驾驶"，进入自动驾驶仿真测试，仿真车辆会按照系统设置好的程序从起点行驶到终点，之后又以该终点作为起点，继续行驶到下一个终点，不断重复循环，如图 5-1-16 所示。

（1）按车道线行驶测试

测试仿真车辆是否按车道线正常行驶，如图 5-1-17 所示。

（2）直线加速行驶测试

测试仿真车辆在直线行驶状态下是否加速行驶，如图 5-1-18 所示。

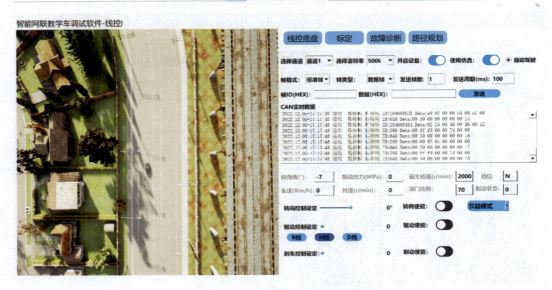

图 5-1-16 自动驾驶仿真测试界面

图 5-1-17 按车道线行驶测试

图 5-1-18 直线加速行驶测试

(3) 减速行驶测试

测试仿真车辆在转弯、路口、下坡、进入隧道前等场景是否减速行驶,如图 5-1-19 所示。

(4) 红灯停车测试

测试仿真车辆在遇到红灯时是否正常减速并停车,如图 5-1-20 所示。

(5) 环岛行驶测试

测试仿真车辆在环岛道路上是否正常行驶,如图 5-1-21 所示。

转弯减速行驶测试

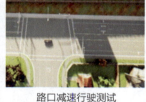
路口减速行驶测试

下坡减速行驶测试

进入隧道前减速行驶测试

图 5-1-19 减速行驶测试

图 5-1-20 红灯停车测试

图 5-1-21 环岛行驶测试

(6) 环形掉头行驶测试

测试仿真车辆在进行环形掉头时是否正常行驶，如图 5-1-22 所示。

图 5-1-22 环形掉头行驶测试

1）如果需要重新测试，单击"路径规划"，再单击"回到起点"（图5-1-23），可以重新测试。

图5-1-23 路径规划界面

2）测试完成后，取消"自动驾驶"的勾选，关闭"使用仿真"按钮，再单击"路径规划"，单击"回到起点"，结束测试。

4. 整理与清洁

1）关闭点火开关。
2）关闭智能网联汽车底盘线控实训系统电源开关并拔出电源线。
3）清洁智能网联汽车底盘线控实训系统和工作台。
4）脱下安全防护用品。

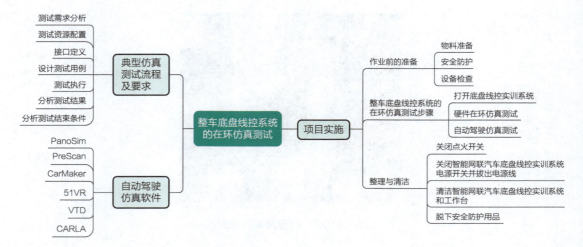

学习任务二
整车底盘线控系统控制与优化

任务描述

引导问题

你知道底盘线控系统的控制与优化吗？智能网联汽车路径规划如何设置？

任务场景

客户反映他的线控底盘车辆在自动驾驶时，偶尔会出现线控转向不足的问题，假设你是测试工程师，你将如何进行测试并优化？

任务分析

本任务主要学习智能网联汽车路径规划、智能网联汽车行为决策与车辆控制及整车底盘线控系统的控制与优化。

学习目标

能力目标

1. 能解释智能网联汽车路径规划。
2. 说出智能车路径规划步骤。
3. 解释路径规划常用算法。
4. 能描述智能车驾驶行为决策过程。

知识目标

1. 叙述路径规划分类、一般步骤。
2. 叙述智能车路径规划的未来发展。
3. 说出智能车驾驶行为决策过程。
4. 说出智能车辆驾驶控制原理。

素养目标

1. 鼓励学生结合虚拟仿真技术和智能化控制算法，为设计、分析和优化各种自动控制系统奠定基础。

2. 通过介绍相关优化技术，激发学生爱国热情，增强学生责任感和使命感。
3. 在教学中完成知识的传授并潜移默化地帮助学生树立正确的世界观、人生观、价值观。

知识准备

一、智能网联汽车路径规划

1. 路径规划的概念

连接起点位置和终点位置的序列点或曲线称之为路径，构成路径的策略称之为路径规划。

路径规划是按照一定的评价标准，比如路径长度最短或能量消耗最少等原则，寻找一条从起始状态到目标状态的无碰撞路径，如图5-2-1所示。

路径规划是解决智能网联汽车如何达成行驶目标问题的上层模块，它依赖于为智能网联汽车驾驶定制的高精度地图。与普通导航单纯提供指引的性质不同，智能网联汽车的路径规划模块需要提供能够引导车辆正确驶向目的地的轨迹。这些轨迹至少要达到车道级导航的水平，而且轨迹上影响车辆行驶的周边环境也需要被准确描述和考虑。

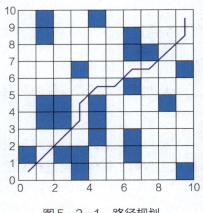

图5-2-1 路径规划

路径规划模块需要根据局部环境感知、可用的全局车道级路径、相关交通规则，提供能够将车辆引导向目的地（或目的点）的路径。

2. 路径规划的分类

路径规划技术是汽车自动控制技术的重要组成部分。根据对环境信息的把握程度可把路径规划分为全局路径规划方法、局部路径规划方法两种。

全局路径规划是对全局环境已知，并根据算法搜索出最优或接近最优的路径，如图5-2-2所示。而局部路径规划则对环境局部未知或完全未知，通过传感器为自动驾驶提供有用的信息确定障碍物和目标点的位置，并规划起始点到目标点的最优化路径，如图5-2-3所示。

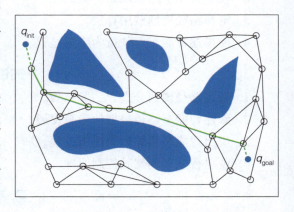

图5-2-2 全局路径规划

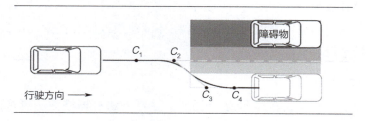

图 5-2-3　局部路径规划

其中，从获取障碍物信息是静态还是动态的角度看，全局路径规划属于静态规划（又称离线规划），局部路径规划属于动态规划（又称在线规划）。全局路径规划需要掌握所有的环境信息，根据环境地图的所有信息进行路径规划；局部路径规划只需要由传感器实时采集环境信息，了解环境地图信息，然后确定出所在地图的位置及其局部的障碍物分布情况，从而可以选出从当前节点到某一子目标节点的最优路径。

根据所研究环境的信息特点，路径规划还可分为离散域范围内的路径规划问题和连续域范围内的路径规划问题。离散域范围内的路径规划问题属于一维静态优化问题，相当于环境信息简化后的路线优化问题；而连续域范围内的路径规划问题则是连续性多维动态环境下的问题。

3. 路径规划的一般步骤

一般的连续域范围内路径规划问题，其一般步骤主要包括环境建模、路径搜索、路径平滑三个环节，如图 5-2-4 所示。

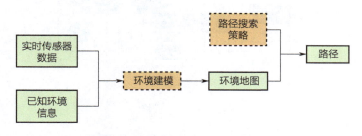

图 5-2-4　路径规划的一般步骤

（1）环境建模

环境建模是路径规划的重要环节，目的是建立一个便于计算机进行路径规划所使用的环境模型，即将实际的物理空间抽象成算法能够处理的抽象空间，实现相互间的映射。

（2）路径搜索

路径搜索阶段是在环境模型的基础上应用相应算法寻找一条行走路径，使预定的性能函数获得最优值。

（3）路径平滑

通过相应算法搜索出的路径并不一定是一条运动体可以行走的可行路径，需要做进一步处理与平滑才能使其成为一条实际可行的路径。

对于离散域范围内的路径规划问题,或者在环境建模或路径搜索前已经做好路径可行性分析的问题,路径平滑环节可以省去。

4. 路径规划的常用算法

一类是基于环境先验信息的全局路径规划,主要方法有栅格法、可视图法、C 空间法、自由空间法等。另一类是基于传感器信息的局部路径规划,常用的方法有遗传算法、蚁群算法、神经网络算法、人工势场法、空间搜索法、层次法、动作行为法、Dijkstra 算法、Lee 算法、Floyd 算法等。

(1) 全局路径规划算法

1) 栅格法。即用编码的栅格来表示地图,把包含障碍物的栅格标记为障碍栅格,反之则为自由栅格,以此为基础进行路径搜索,如图 5-2-5 所示。栅格法一般作为路径规划的环境建模技术来用,它很难解决复杂环境信息的问题,一般需要与其他智能算法相结合。

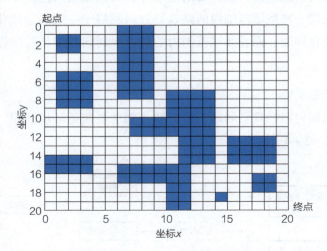

图 5-2-5 栅格法

2) 可视图法。首先将自动驾驶视为一个点,然后将起点、障碍物和目标点的每个端点连接起来,并以直线连接各个端点,从而将路径规划问题转化为从起点到目标点的最短路径寻找问题。

可视图法的优点是概念直观、简单,缺点是灵活性不好。

当目标点或障碍物或起始点发生变化时,需要对视图进行重构,而且障碍物的数目越多,算法越复杂。

3) C 空间法。又称可视图空间法,即在运动空间中扩展障碍物为多边形,以起始点、终点和所有多边形顶点间的可行直线连线(不穿过障碍物的连线)为路径范围来搜索最短路径。C 空间法的优点是直观,容易求得最短路径;缺点是一旦起始点和目标点发生改变,就要重新构造可视图,缺乏灵活性。即其局部路径规划能力差,适用于全局路径规划和连续域范围内的路径规划，尤其适用于全局路径规划中的环境建模。

4）自由空间法。针对可视图空间法应变性差的缺陷，采用预先定义的基本形状（如广义锥形、凸多边形等）构造自由空间，并将自由空间表示为连通图，然后通过对图的搜索来进行路径规划。由于起始点和终点改变时，只相当于它们在已构造的自由空间中位置变化，只需重新定位，而不需要整个图的重绘。该方法缺点是障碍物多时将加大算法的复杂度，算法实现困难。

（2）局部路径规划算法

1）遗传算法。遗传算法是自动驾驶路径规划常用的算法。

该算法模拟达尔文的生物进化理论，结合进化中优胜劣汰的概念，是一种基于自然选择和遗传学原理的搜索算法。

它的思想源于生物遗传学和适者生存的自然规律，是按照基因遗传学原理而实现迭代过程的一种搜索算法。其最大的优点是易于与其他算法相结合，并充分发挥自身迭代的优势，缺点是运算效率不高，不如蚁群算法有先天优势，但其改进算法也是研究的热点。

遗传算法具有快速的全局搜索能力，因此可以快速搜索全局最优路径，但系统中的反馈信息利用率不高，往往导致不作为的冗余迭代，求解效率低。

2）蚁群算法。蚁群算法的思想来自对蚁群觅食行为的探索（图5-2-6），每个蚂蚁觅食时都会在走过的道路上留下一定浓度的信息素，相同时间内最短的路径上由于蚂蚁遍历的次数多而信息素浓度高，加上后来的蚂蚁在选择路径时会以信息素浓度为依据，起到正反馈作用，因此信息素浓度高的最短路径很快就会被发现。算法通过迭代来模拟蚁群觅食的行为达到目的。具有良好的全局优化能力、本质上的并行性、易于用计算机实现等优点，但计算量大、易陷入局部最优解，不过可通过加入精英蚁等方法改进。

蚁群算法相对于遗传算法来说具有一定的记忆力，属于群智能优化算法，具有并行性，每一个粒子都能被主动优化，而遗传算法不能。

3）神经网络算法。神经网络算法是人工智能领域中一种非常优秀的算法，它主要模拟动物神经网络行为，进行分布式并行信息处理。但它在路径规划中的应用却并不成功，因为路径规划中复杂多变的环境很难用数学公式进行描述，如果用神经网络去预测学习样本分布空间以外的点，其效果必然是非常差。尽管神经网络具有优秀的学习能力，但是泛化能力差是其

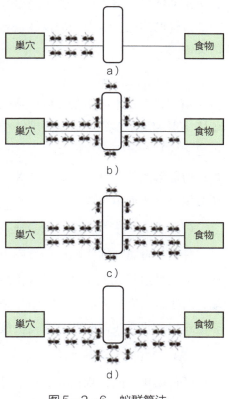

图5-2-6 蚁群算法

致命缺点。但因其学习能力强且鲁棒性好，与其他算法的结合应用已经成为路径规划领域研究的热点，典型神经网络结构如图5-2-7所示。

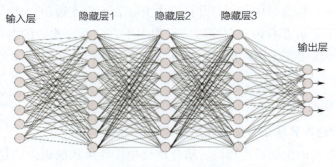

图5-2-7 神经网络结构

神经网络算法可以通过大量实际驾驶行为数据，学习避障和路径规划中隐含的、难以人工设计并提取的特征。

4）人工势场法。人工势场法是一种虚拟力法（图5-2-8），它模仿引力斥力下的物体运动，目标点和运动体间为引力，运动体和障碍物间为斥力，通过建立引力场斥力场函数进行路径寻优。其优点是规划出来的路径平滑安全、描述简单等，但缺点是存在局部最优的问题，引力场的设计是算法能否成功应用的关键。

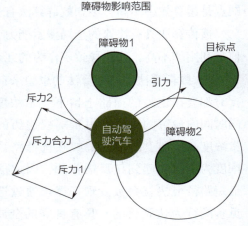

图5-2-8 人工势场法

5. 路径规划的未来发展

随着科学技术的不断发展，路径规划技术面对的环境将更为复杂多变。这就要求路径规划算法要具有迅速响应复杂环境变化的能力。这不是单个或单方面算法所能解决的问题，因此在未来的路径规划技术中，除了研究发现新的路径规划算法外，还有以下几方面值得关注。

(1) 先进路径规划算法的改进

任何一种算法在实际应用过程中都要面对诸多困难，特别是自身的局限性。例如，A^*算法作为一种启发式搜索算法具有鲁棒性好、快速响应的特点，但是应用于实际中还是存在弊端，对于A^*算法应用于无人机航迹规划时的弊端，李季等提出了改进A^*算法，解决了A^*算法难以满足直飞限制并且有飞机最小转弯半径等约束这一问题。

(2) 路径规划算法的有效结合（即混合算法）

任何的单一路径规划算法都不可能解决所有实际应用中的路径规划问题，特别是在面对交叉学科的新问题时，研究新算法的难度大，路径规划算法间的优势互补为解决这一问题提供了可能。对于多空间站路径规划问题,金飞虎等将蚁群算法和神经网络方法相结合解决了这一问题,并避免了单纯运用神经网络算法时出现的局部最小问题。

(3) 环境建模技术和路径规划算法的结合

面对复杂的二维甚至三维连续动态环境信息时,算法所能做的是有限的,好的环境建模技术和优秀的路径规划算法相结合将成为解决这一问题的一种方法,如栅格法和蚁群算法的结合、C空间法和Dijkstra算法的结合等。

(4) 多智能体并联路径规划算法设计

随着科学技术的应用发展,多智能体并行协作已经得到应用。其中,多机器人协作和双机械臂协作中的路径冲突问题日益受到人们关注,如何实现其无碰路径规划将成为日后研究的热点之一。

二、智能网联汽车行为决策与车辆控制

1. 汽车智能驾驶行为决策

学习兴趣:
为自动驾驶奠基,
线控底盘崛起

智能网联汽车的自动驾驶分为感知定位、规划决策、执行控制三个部分,如图5-2-9所示。决策是指决策控制单元根据位置、感知和路径规划等信息确定无人驾驶车辆的策略。

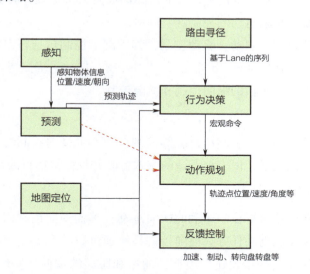

图5-2-9 智能网联汽车的行为决策

智能网联汽车的行为决策基于环境感知和导航子系统的信息输出,包括选择哪条车道、是否换车道、是否跟车、是否绕道、是否停车。

如图5-2-9所示,行为决策层汇集了所有重要的车辆周围信息,不仅包括汽车本身的当前位置、速度、方向和所在车道,还包括汽车一定距离内与感知相关的所有重要障碍物的信息和预测轨迹,行为决策层在所获得信息的基础上来确定汽车的驾驶策略。主要包括预测算法、行为规划和动作规划等。

2. 汽车智能驾驶车辆控制（或者叫执行控制）

车辆控制是指控制转向、驱动和制动，执行规划决策模块发出的指令（需求速度和需求转向盘转角），另外也包括转向灯、喇叭、车窗、仪表等车身电器控制信号，如图 5-2-10 所示。

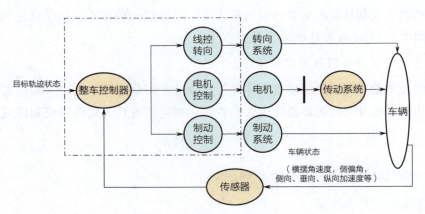

图 5-2-10　汽车智能驾驶车辆控制

自动驾驶要实现对车辆的运动和车身电器进行自动控制，需要相应的线控系统来满足，其中车身电器系统用于实现对车辆内外部灯光、车门以及人机交互界面等内外部交互的控制，底盘线控系统用于实现对车辆运动的控制。

底盘线控系统包括转向、制动、驱动控制，其中制动控制包括行车制动、驻车制动与辅助制动控制，驱动控制包括发动机/电机/混合动力控制、传动系统控制等。

执行控制算法可以分为车辆的纵向控制和横向控制。

（1）车辆纵向控制

纵向控制是通过车辆的驱动和制动系统等控制车速，纵横向控制的整体效果是车辆沿规划的轨迹，在特定行为模式下，以安全舒适的方式行驶并最终抵达目的地。

（2）车辆横向控制

横向控制是通过转向系统等控制车辆的横向运动。车辆横向控制用于控制车辆保持在规划的行驶轨迹上，直到完成驾驶任务。横向控制系统通过跟踪和预测当前车辆行驶轨迹，并实时与目标轨迹进行对比，根据轨迹间航向、曲率和距离的偏差，实时调整车辆横向运动，以保证车辆始终跟随目标轨迹。横向控制算法的设计也受安全、舒适、节能等指标的约束。

由于智能网联汽车信息的丰富性，横向控制需求的规划轨迹可以来源于很多方面，如由高精度地图规划的全局轨迹、根据当前环境状态规划的局部路径、车道保持系统提供的车道识别信息。在横向控制中需要根据安全、舒适、节能等指标融合各类感知信息，决策最优控制指令。

项目五 底盘线控系统的综合测试

项目实施

一、整车底盘线控系统的控制与优化流程

整车底盘线控系统的控制与优化流程如图 5-2-11 所示。

图 5-2-11 整车底盘线控系统的控制与优化流程

二、作业前的准备

1. 物料准备（图 5-2-12）

1）防护用品：安全帽、工作手套。
2）设备：智能网联汽车底盘线控实训系统。
3）辅助材料：清洁抹布。

图 5-2-12 物料准备

2. 安全防护

检查并穿戴工作手套和安全帽。

3. 设备检查

检查智能网联汽车底盘线控实训系统万向轮是否已锁止，确保万向轮处于锁止状态。

三、整车底盘线控系统的控制与优化步骤

1. 打开底盘线控实训系统

1）连接电源线，按下电源开关按钮。
2）打开点火开关，检查换档旋钮的档位是否处于 N 档，如图 5-2-13 所示。

2. 底盘线控系统的控制

1）在计算机桌面打开"智能网联教学车调试软

图 5-2-13 换档旋钮处于 N 档

211

件-线控底盘"。

2)选择CAN通道1,将波特率调整为500k,打开"开启设备"按钮,CAN数据会实时刷新,如图5-2-14所示。

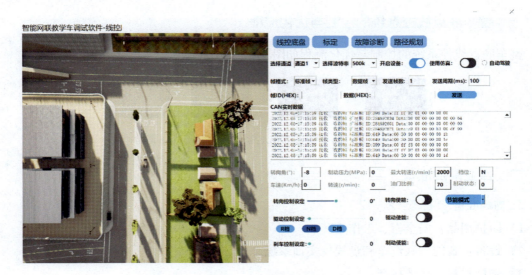

图5-2-14 调试软件

3)单击"路径规划"按钮,进入底盘线控系统的控制与优化界面,如图5-2-15所示。

图5-2-15 底盘线控系统的控制与优化界面

4)单击"添加指令"按钮,在第一行指令中选择前进,并输入前进的速度和前进的时间,如图5-2-16所示。

5)再次单击"添加指令"按钮,在第二行指令中选择前进,并输入前进的速度和前进的时间,如图5-2-17所示。

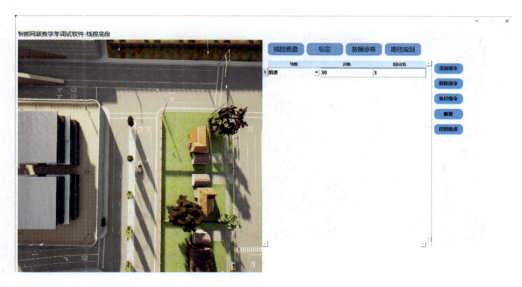

图 5-2-16 设置第一行指令

图 5-2-17 设置第二行指令

6）再次单击"添加指令"按钮，在第三行指令中选择右转，并输入转向的角度和转向的时间，如图 5-2-18 所示。

7）再次单击"添加指令"按钮，在第四行指令中选择前进，并输入前进的速度和前进的时间，如图 5-2-19 所示。

8）单击"执行指令"按钮后，仿真车辆将按照控制指令行驶，观察车辆右转弯行驶是否正确，如图 5-2-20 所示。

3. 底盘线控系统的控制优化

1）单击"回到起点"按钮，仿真车辆自动回到起点位置。

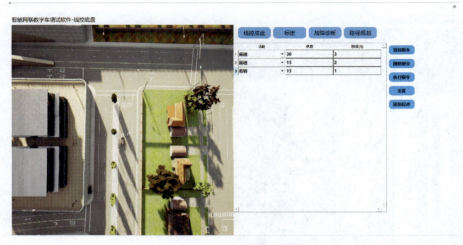

图5-2-18 设置第三行指令

图5-2-19 设置第四行指令

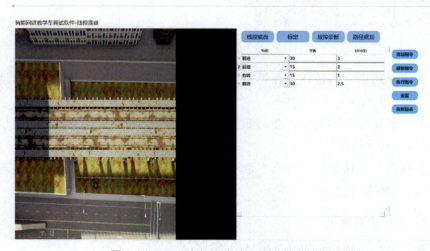

图5-2-20 车辆未完成正常右转弯的场景要求

2）反复调整相关指令参数（答案不是唯一的），重新单击"执行指令"，让车辆最终完成正常右转弯的场景要求，底盘线控系统的控制与优化任务结束，如图 5-2-21 所示。

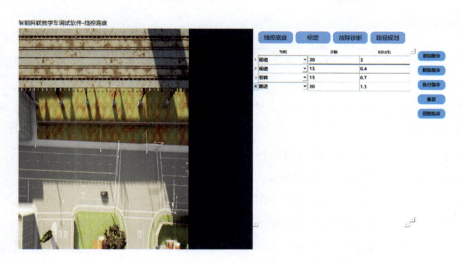

图 5-2-21　车辆完成正常右转弯的场景要求

4. 整理与清洁

1）关闭点火开关。
2）关闭智能网联汽车底盘线控实训系统电源开关并拔出电源线。
3）清洁智能网联汽车底盘线控实训系统和工作台。
4）脱下安全防护用品。

任务小结

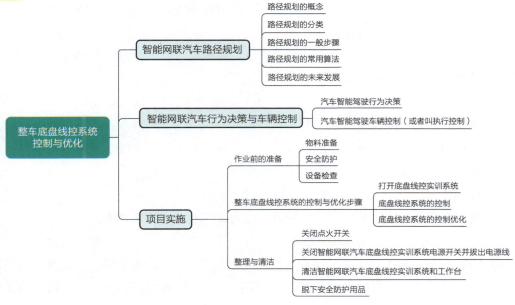

复习题

1. 判断题

（1）在仿真测试模型中，将控制算法模型和被控算法模型连接起来形成闭环，即模型在环测试。（　　）

（2）仿真测试的场景参数应基于实际，逻辑参数设置合理，并且测试输出结果应与实车测试保持基本一致。（　　）

（3）软件在环测试的主要目的是支持系统软件工程师做模型级别的集成测试。（　　）

（4）硬件在环测试的目的是验证控制器。（　　）

（5）仿真测试技术的发展已经达到了使用高精度的自动驾驶地图、回放真实自动驾驶路测数据，并使用游戏引擎进行高保真的仿真测试阶段。（　　）

（6）仿真测试的测试场景应能充分覆盖设计运行范围（ODD），并且能用多种测试方法对被测功能的全部层级在不同开发阶段进行测试。（　　）

（7）计算平台功能性能场景库用于测试计算平台在运行过程中的功能。（　　）

（8）驾驶人在环测试，可以开展 ADAS 和 AD 控制器的主观评价、人机交互界面的设计评价，以及自动驾驶系统的人机接管功能测试。（　　）

（9）路径规划技术是汽车自动控制技术的重要组成部分。（　　）

2. 不定项选择

（1）按照测试方式不同，仿真测试可分为（　　）。
　　A. 模型在环（MIL）　　　　B. 软件在环（SIL）
　　C. 硬件在环（HIL）　　　　D. 驾驶人在环（DIL）

（2）从宏观角度分析，仿真测试需要（　　）。
　　A. 智能化　　　B. 模块化　　　C. 系统化　　　D. 自动化

（3）目前仿真测试方法主要集中于（　　）。
　　A. SIL　　　　B. HIL　　　　C. VIL　　　　D. DIL

（4）仿真测试应遵循的基本原则为（　　）。
　　A. 全面性　　　B. 真实性　　　C. 可重复性　　　D. 统一性

（5）测试对象需要包含自动驾驶功能中涉及的（　　）系统。
　　A. 感知　　　B. 决策　　　C. 执行　　　D. 处理

（6）模型在环主要应用于（　　）阶段，以验证模型能否实现功能。
　　A. 模型建立　　　B. 系统处理　　　C. 算法开发　　　D. 数据融合

（7）VTD 目前运行于（　　）平台，它的功能覆盖了道路环境建模、交通场景建模、天气和环境模拟、简单和物理真实的传感器仿真、场景仿真管理以及高精度的实时画面渲染等。

  A. 安卓   B. IOS   C. 鸿蒙   D. Linux

（8）一般的连续域范围内路径规划问题，其一般步骤主要包括（　　）。

  A. 环境建模   B. 路线规划   C. 路径搜索   D. 路径平滑

（9）基于环境先验信息的全局路径规划，主要方法有（　　）。

  A. 栅格法   B. 空间搜索法   C. 神经网络算法   D. 可视图法

（10）（　　）是路径规划的重要环节，目的是建立一个便于计算机进行路径规划所使用的环境模型。

  A. 环境建模   B. 路线规划   C. 路径搜索   D. 路径平滑

3. 简答题

（1）简述自由空间法特点。

（2）仿真测试部署过程中存在的主要问题和难点是什么？

（3）目前行业上应用的自动驾驶仿真软件有哪些？

参考文献

[1] 陈萌，杜万席. 汽车线控底盘技术发展趋势分析与研究 [J]. 汽车与配件，2022（24）：54-59.

[2] 编辑部. 汽车线控底盘研究：智能竞赛的关键领域，本土厂商迎来发展良机 [J]. 汽车与配件，2022（21）：40-46.

[3] 段红艳，王建锋. 智能网联汽车底盘线控系统与控制技术 [J]. 汽车实用技术，2022，47（17）：40-45.

[4] 邓平尧. 探讨线控汽车底盘控制技术分析及发展 [J]. 科技风，2016（12）：16,18.

[5] 宗长富，李刚，郑宏宇，等. 线控汽车底盘控制技术研究进展及展望 [J]. 中国公路学报，2013，26（2）：160-176.

[6] 王铁强. 浅谈汽车底盘线控技术的应用与发展 [J]. 才智，2010（22）：62.

[7] 别辉，过学迅. 汽车底盘线控技术的应用及发展趋势 [J]. 专用汽车，2007（3）：36-38.

[8] 徐豪迪. 基于线控底盘的无人驾驶路径规划与跟踪控制研究 [D]. 杭州：浙江科技大学，2022.

[9] 郑雪芹. 线控底盘是未来发展趋势 [J]. 汽车纵横，2021（11）：80-83.

[10] 李时雨. 基于线控转向系统的无人驾驶技术发展 [J]. 汽车工程师，2018（3）：14-17.

[11] 甄文媛. 聚焦线控底盘领域，舍弗勒发力智能化新赛道 [J]. 汽车纵横，2022（9）：66-69.

[12] 汤彬，金峰. 线控转向系统故障诊断与维修——以某型智能驾驶功能验证车为例 [J]. 现代信息科技，2022，6（16）：43-46,50.

[13] 罗宁延. 智能网联背景下汽车底盘线控子系统及其集成的综述 [J]. 汽车实用技术，2021，46（4）：14-17.

[14] 王秀旭，李川鹏，王耀福. 车规级无人驾驶线控底盘车研发及其场景化应用 [J]. 汽车实用技术，2021，46（2）：25-27.

[15] 伍赛特. 汽车底盘技术发展趋势研究及展望 [J]. 拖拉机与农用运输车，2019，46（5）：6-9.